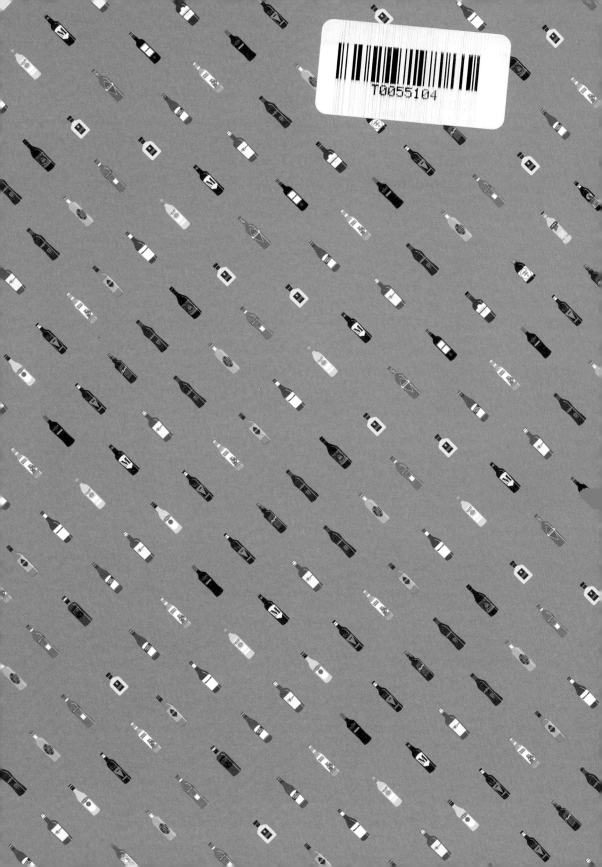

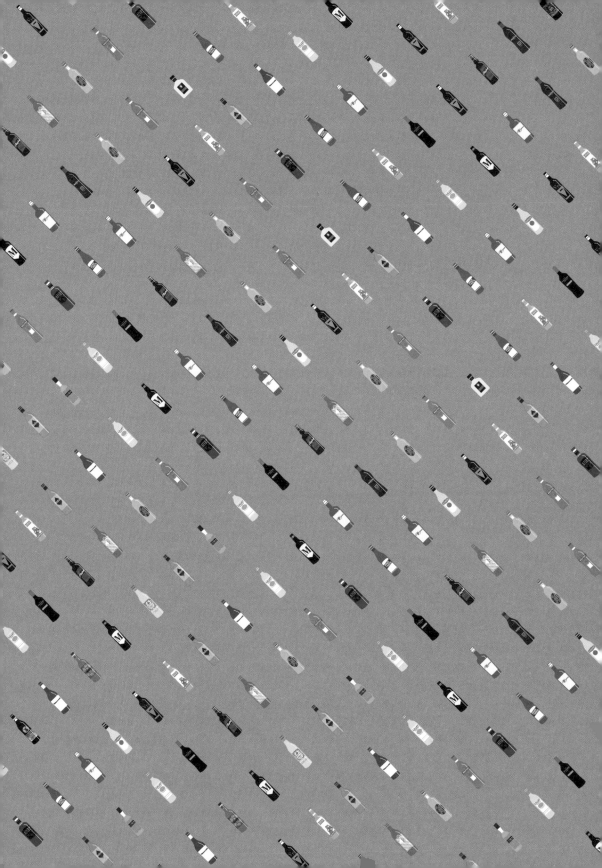

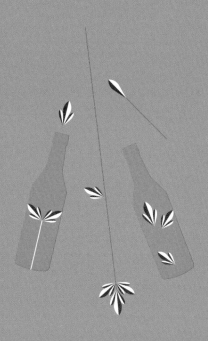

EL LIBRO DEL

VERMUT

SHAUN BYRNE Y GILLES LAPALUS

cincotintas

ES EL MOMENTO DEL VERMUT

Cuando cayó en mis manos, devoré desde la primera hasta la última página de este libro sobre la historia del vermut para descubrir los orígenes de la bebida que siempre ha sido mi aperitivo y la excusa perfecta de los fines de semana para reunirse con los amigos o la familia y pasar un buen rato.

Si es de los que, como yo, piensan que la bebida nace en Italia, en Turín, y que quizás es algo europeo pero muy del estilo del viejo mundo, pues ¡me alegro de que se haya hecho con este libro para indagar un poco más! Con él emprenderá un viaje casi a las antípodas e incluso descubrirá cómo se vive el arte del vermut en Australia.

A lo largo de su historia el vermut ha tenido sus altibajos, pero desde hace unos años goza en España de un auge tremendo. No es de extrañar que otros países hayan experimentado la misma atracción y devoción y, sintiéndome parte de este viaje con Shaun y Gilles, celebro el buen momento del aperitivo más bebido del mundo. Este es un libro sobre la amistad entre un enólogo y un barman, que aman su profesión y con entusiasmo elaboran sus productos y nos desvelan sus secretos: Gilles el vermut, y Shaun, los combinados. Además de ofrecer una recapitulación de la evolución de la bebida, los autores nos sugieren unas fantásticas recetas DIY para preparar cócteles más personales, a partir de elaboraciones artesanas con las que sacar el máximo partido a los ingredientes naturales.

Y, ahora que comparto sus experiencias, no puedo encontrar mejor ejemplo de alguien que sabe que hay un vermut para cada momento, un momento para cada vermut y que siempre es momento del vermut, como los autores nos revelan a lo largo de las páginas. ¡He aquí un manual de cabecera para aprovechar todas las virtudes que el vermut nos brinda!

Ester Bachs
Autora de la *Guía del Vermut* de España

CONTENIDOS

LEYENDA

GILLES LAPALUS EL ENÓLOGO

TIM ENTWISLE EL BOTÁNICO

SHAUN BYRNE EL BARMAN

CAMERON MACKENZIE EL DESTILADOR

JUDE MYALL EL BOTÁNICO

HABLA EL ENÓLOGO

El vermut es conocido, sobre todo, entre las generaciones más jóvenes que se han incorporado al mundo de las coctelerías y, claro está, entre una generación de aficionados que ya ha dejado atrás la edad de la jubilación.

Sin embargo, últimamente aparece con frecuencia en los medios de comunicación y sobre las mesas de los restaurantes y, aunque el nombre resulta familiar para la mayoría de personas gracias al alcance de algunas marcas globales, es muy poco probable que el consumidor medio clasifique al vermut como un vino. Se usa sobre todo combinado con bebidas destiladas, por lo que es habitual verlo incluido en esa categoría.

«¿Qué es el vermut?», suele ser la primera pregunta que me hacen cuando empiezo a hablar de él. Como llevo casi toda mi vida en la industria vinícola, le hablaré del vermut desde la perspectiva del vino; y es que, tal y como descubrirá en el capítulo sobre su producción (p. 34), el vermut es, fundamentalmente, vino. O, para ser más exactos, vino aromatizado.

También hablo del vermut desde una perspectiva histórica. Esta idea se me ocurrió durante la investigación acerca de cómo los monjes benedictinos de la abadía de Cluny elaboran hipocrás, un vino medieval aromatizado. En ese apartado, descubrirá que el vermut cuenta con una historia muy larga; de hecho, tanto como la del propio vino, lo que hace que su evolución sea verdaderamente fascinante y una expresión dinámica de los tiempos.

La historia de esta bebida nos llevará también al mundo de la botánica –a través de los ingredientes que conforman el sabor del vermut.

Desde los primeros hallazgos arqueológicos hasta las Rutas de las Especias y el uso que los aborígenes australianos hacían de las plantas autóctonas, hay un mundo inmenso que explorar, tal y como demuestran la gran cantidad de vermuts que existen y las múltiples maneras de elaborar este vino aromatizado.

Una segunda pregunta que suele llegar poco después de que haya ofrecido la definición del vermut es: «¿Y cómo se bebe?». Instantáneamente, mi cerebro de enólogo sugiere que tanto puede acompañar y realzar la comida como tomarse solo, aunque descubrir el Negroni fue lo que me llevó a producir uno de sus ingredientes vitales. Es un privilegio ver que tantos grandes chefs han empezado a usar el vermut, ya sea integrado en el plato o utilizado para marinar. De todos modos, es inevitable que defienda que se trate al vermut tal y como tratamos al vino: servido con la comida. Acompañado de algunos de los mejores bármanes del mundo, Shaun, coctelero experto y mi socio en Maidenii, explorará el universo de cómo combinar el vermut con otras bebidas.

Descubrir esta bebida tan versátil me ha resultado fascinante, sobre todo al compararla con el vino. El vino es sagrado y su lenguaje y, especialmente, su manipulación (desde la bodega pasando por el servicio e incluso la copa) son muy ceremoniales: la veneración que sentimos por él sugiere que deberíamos consumirlo sin adulterar. Por su parte, el vermut brilla por sí solo, pero también encaja a la perfección en los cócteles. De mismo modo que un chef elige los ingredientes de la mejor calidad para crear un plato, un buen vermut puede contribuir a formar un cóctel maravilloso.

Para terminar, uno de los temas recurrentes es esa botella de vermut abandonada. Es habitual descubrir una botella abierta desde hace meses, o incluso años, olvidada en un armario o el estante de un bar. Espero que este libro le inspire a encontrar un uso para esa botella olvidada y, aún más importante, le dé muchas ideas para hacer del vermut un elemento permanente de su repertorio.

¡Salud!

– GILLES LAPALUS

HABLA EL BARMAN

Muchos me preguntan por qué decidí convertirme en productor de vermut.

Lo que sucedió fue que, cuando trabajaba en el Gin Palace, intenté producir mejores versiones de siropes para cóctel de los que se podían comprar. Sin embargo, no me detuve en los siropes: también hice mis pinitos en la elaboración de *shrubs* (siropes de fruta) y de *bíters* antes de llegar al vermut. Conocía los elementos básicos (vino, licor, azúcar, ajenjo y otros botánicos), así que me hice con algunos ingredientes y empecé a experimentar. Los primeros resultados no fueron extraordinarios, pero sí lo bastante buenos como para hacer que quisiera seguir investigando. Sabía que el vermut es fundamentalmente vino, por lo que me pareció imperativo pedir consejo a un buen enólogo; y así es como Gilles y yo quedamos para comer y hablar de nuestra pasión por el vermut y de cómo podríamos empezar a producirlo.

El vermut y los cócteles van de la mano. Lo hacen desde hace años y lo seguirán haciendo durante muchos más, gracias, sobre todo, a la complejidad del sabor del vermut: tiene notas dulces, amargas, ácidas y, en función de la marca, incluso saladas. Contar con un sabor de espectro tan amplio lo convierte en una bebida extraordinariamente versátil que realza características diferentes en los productos con los que se combina. Históricamente, el vermut era un mero acompañante del alcohol principal del cóctel, pero la reciente tendencia a preferir bebidas de menor graduación alcohólica lo ha aupado al protagonismo. Hoy en día, el vermut se usa más que nunca, por su baja graduación y por el sabor tan completo que aporta. Su reciente popularidad ha dado lugar a una explosión de marcas nuevas y los bármanes cuentan ahora con una amplia variedad de vermuts entre los que escoger. Y es fantástico, porque ellos ocupan una posición ideal para acercar el producto a los consumidores.

Me apasiona educar al público acerca de qué es el vermut y de cómo beberlo, almacenarlo y combinarlo, porque fue durante tanto tiempo algo tan pasado de moda que la gente se había olvidado de su existencia. Cuando trabajaba en el Gin Palace, solía oír exclamaciones como: «¿Vermut? ¡Si eso es lo que bebía mi abuela cuando era joven!». Afortunadamente, ahora las coctelerías lo convierten en la estrella de sus cócteles, los enólogos lo promueven como una bebida que se bebe sola y cada vez hay más libros sobre el tema, por lo que el mundo del vermut nunca había sido tan emocionante. Le animo a que agarre una botella de su vermut preferido y lo beba solo mientras lee la primera parte del libro. Luego, use lo que haya quedado para elaborar algunos de los cócteles de la segunda.

¡A su salud!

– SHAUN BYRNE

el ABC del vermut

HISTORIA

La historia del vermut está íntimamente relacionada con la del vino.

Patrick McGovern es el Indiana Jones de las cervezas, los vinos y otros brebajes alcohólicos de la Antigüedad: es el director científico del Proyecto de arqueología biomolecular para cocina, bebidas fermentadas y salud del Museo de Arqueología y Antropología de la Universidad de Pensilvania en Filadelfia (Estados Unidos). Gracias a él, se están abriendo nuevos horizontes en la historia del vino.

Durante los últimos quince años, los nuevos métodos de análisis de restos arqueológicos han desvelado datos muy interesantes. El último, en noviembre de 2017, fue el análisis químico de compuestos orgánicos antiguos hallados en piezas de alfarería de yacimientos de Georgia y que se remontan al principio del periodo Neolítico (c. 6000 a.C.-5000 a.C.). Los resultados proporcionaron la evidencia arqueológica biomolecular más antigua de vino de uva y de viticultura de Oriente Próximo.

En 2004, McGovern y su equipo descubrieron restos de c. 7000 a.C. en el yacimiento neolítico de Jiahu, en el valle del río Amarillo. Es muy probable que se trate de la evidencia más antigua de una bebida alcohólica (quizás usada con fines medicinales) de todo el mundo. En un yacimiento más reciente (c. 1050 a.C.), los botánicos

encontrados incluían dos compuestos aromáticos, muy probablemente resina de árbol, margaritas o ajenjo (en concreto, *Artemisia annua* o *Artemisia argyi*). Las plantas se habían empapado en vino de arroz, lo que indica la presencia de un antepasado temprano del vermut. La medicina tradicional china sigue empleando estas plantas en la actualidad.

En Tasmania se recogía la savia del gomero de la sidra (*Eucalyptus gunnii*) para elaborar una bebida alcohólica llamada *wayatinah*. En el suroeste de Australia Occidental, el pueblo noongar maceraba flores de banksia en agua para obtener del néctar y su fermentación natural una bebida llamada *mangaitch*. En algunas zonas del suroeste de Queensland, se preparaba un hidromiel aromatizado mezclando flores de bauhinia con miel de abejas *Tetragonula carbonaria*, originarias de Australia.

Aunque la historia del vino en general y del vermut en particular sigue evolucionando a medida que nuevos descubrimientos aumentan nuestro conocimiento, podemos dividirla en tres eras amplias.

LA ANTIGÜEDAD

9000 A.C.-1500 A.C., CHINA Y EUROPA

Durante este periodo era habitual mezclar el vino con otras sustancias, sobre todo extractos naturales de plantas, para conservarlo. El arte de la destilación aún no se había descubierto y el alcohol se obtenía a partir de la fermentación de frutas o de cereales. En la Antigüedad, el vino se usaba fundamentalmente en ceremonias espirituales y, cada vez más, con fines medicinales. Los griegos bebían vino durante los banquetes y se sabe que los romanos consumían vino en grandes cantidades, lo que indica que se había empezado a consumir por placer y que su uso ya no se limitaba a la medicina. Poco a poco empezó a aparecer otra era.

LA ERA INDUSTRIAL

1500 A.C.-1990, PRINCIPALMENTE EUROPA

Hasta el Renacimiento, el vino aromatizado se usó sobre todo con fines medicinales y para el entretenimiento de las élites. Tras el descubrimiento de las Américas y, más adelante, con la aparición de la burguesía, el vino se empezó a consumir por el mero placer de hacerlo. En Italia, la industria del vermut se empezó a desarrollar a finales del siglo XVIII en la ciudad alpina de Turín, donde también apareció una potente industria de exportación para satisfacer el mercado local y el nuevo mercado internacional. Francia fue el segundo productor más importante de la era y exportaba grandes cantidades de vermut, sobre todo a América, donde el auge del aperitivo lo convirtió en competidor directo del vino. A finales del siglo XIX en España, en Jerez se producía la bebida homónima mientras el resto del país producía vinos, y también empezaba la época dorada del vermut.

LA ERA CONTEMPORÁNEA

1990-DÍA DE HOY, GLOBAL

Durante las últimas dos décadas hemos presenciado un renacimiento del vermut y de otros aperitivos aromatizados por parte de productores tradicionales. También han aparecido vermuts de nuevos productores en Alemania, Países Bajos, Estados Unidos, Nueva Zelanda y Australia; y Sudáfrica lo ha recuperado. Esta revitalización cabalga sobre la ola de licores artesanos y exclusivos para cócteles y cocina que tan populares son hoy, especialmente si hablamos de ginebra. La hora del vermut, que en España solía ser en el bar local al salir de misa el domingo, ahora se aprovecha de todo el fin de semana para promover el aperitivo en casi todos los bares de tapas y de *pintxos*. En Italia, el aperitivo también incorpora los *bíters* y el resto del mundo ha seguido su ejemplo. Si China empieza a producir vermut, cerrará el círculo geográfico.

Una de las influencias importantes de la era contemporánea es que el público ha decidido de forma consciente comprar y beber productos locales. En Australia, esto ha llevado al redescubrimiento de plantas nativas, tanto para su uso en la cocina como en la industria de las bebidas. En cierto modo, ha supuesto una vuelta a los principios tradicionales.

LA ANTIGÜEDAD

A.C.

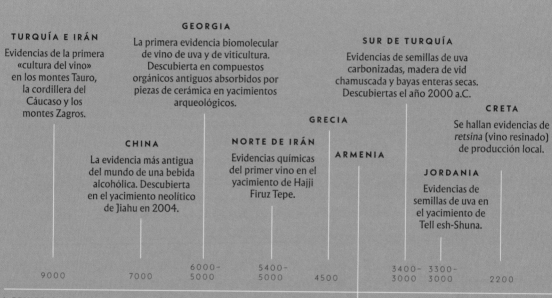

TURQUÍA E IRÁN

Evidencias de la primera «cultura del vino» en los montes Tauro, la cordillera del Cáucaso y los montes Zagros.

GEORGIA

La primera evidencia biomolecular de vino de uva y de viticultura. Descubierta en compuestos orgánicos antiguos absorbidos por piezas de cerámica en yacimientos arqueológicos.

SUR DE TURQUÍA

Evidencias de semillas de uva carbonizadas, madera de vid chamuscada y bayas enteras secas. Descubiertas el año 2000 a.C.

CRETA

Se hallan evidencias de *retsina* (vino resinado) de producción local.

CHINA

La evidencia más antigua del mundo de una bebida alcohólica. Descubierta en el yacimiento neolítico de Jiahu en 2004.

NORTE DE IRÁN

Evidencias químicas del primer vino en el yacimiento de Hajji Firuz Tepe.

GRECIA

ARMENIA

JORDANIA

Evidencias de semillas de uva en el yacimiento de Tell esh-Shuna.

| 9000 | 7000 | 6000–5000 | 5400–5000 | 4500 | 3400–3000 | 3300–3000 | 2200 |

▷ PRIMERAS EVIDENCIAS ARQUEOLÓGICAS DEL VINO

4100

▷ PRIMERAS EVIDENCIAS DE BODEGAS

EGIPTO

Se halla un ánfora con extractos botánicos en la tumba del faraón del periodo predinástico Horus Escorpión II.

3100–2900

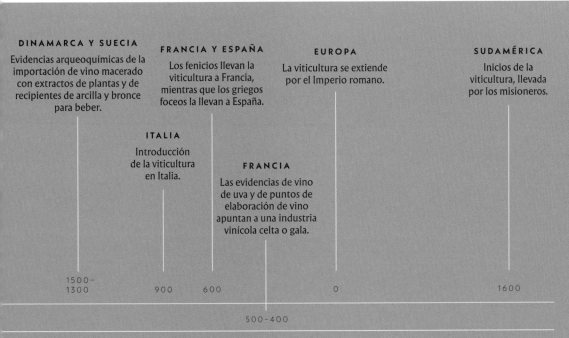

DINAMARCA Y SUECIA

Evidencias arqueoquímicas de la importación de vino macerado con extractos de plantas y de recipientes de arcilla y bronce para beber.

FRANCIA Y ESPAÑA

Los fenicios llevan la viticultura a Francia, mientras que los griegos foceos la llevan a España.

EUROPA

La viticultura se extiende por el Imperio romano.

SUDAMÉRICA

Inicios de la viticultura, llevada por los misioneros.

ITALIA

Introducción de la viticultura en Italia.

FRANCIA

Las evidencias de vino de uva y de puntos de elaboración de vino apuntan a una industria vinícola celta o gala.

1500–1300   900   600   0   1600

500–400

EGIPTO

Papiros que se remontan a mediados de la Dinastía XII demuestran que los «vinos medicinales» eran muy importantes para los médicos egipcios.

PERSIA

Al-Razi perfecciona el arte de la destilación.

ALEMANIA

Liber de arte distillandi de simplicibus, Hieronymus Brunschwig.

ESPAÑA

De Vinis, Arnau de Vilanova.

CHINA

Registro del uso del vino con fines medicinales en las inscripciones de los huesos oraculares de la dinastía Shang.

GRECIA

Documentado por Hipócrates.

GRECIA

Galeno intenta la destilación por primera vez.

ESPAÑA

Ramon Llull menciona por primera vez la palabra «alcohol».

INGLATERRA

The Art of Distillation, John French.

1850   1200–1046   400   129–216   865–925   1240–1311   1310   1450–1512   1651

▷ PRIMERA DOCUMENTACIÓN ACERCA DEL VINO Y LOS DESTILADOS

LA ERA INDUSTRIAL

1700 ———————————————— 1800 ———————————————

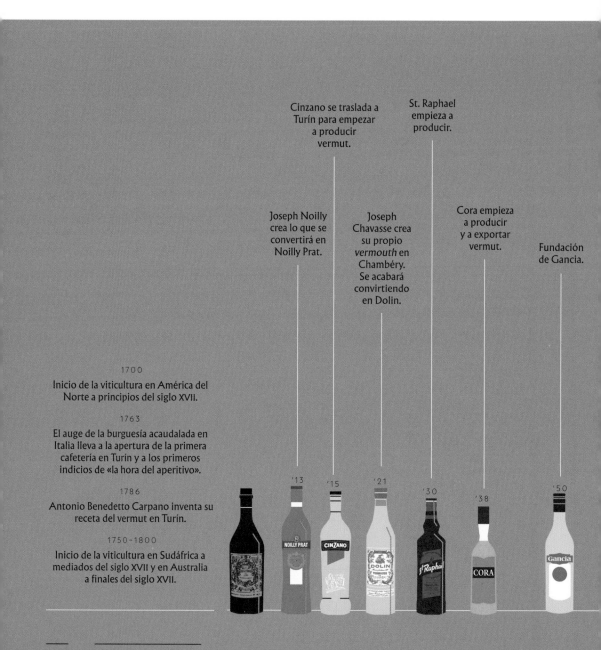

Cinzano se traslada a
Turín para empezar
a producir
vermut.

St. Raphael
empieza a
producir.

Joseph Noilly
crea lo que se
convertirá en
Noilly Prat.

Joseph
Chavasse crea
su propio
vermouth en
Chambéry.
Se acabará
convirtiendo
en Dolin.

Cora empieza
a producir
y a exportar
vermut.

Fundación
de Gancia.

1700
Inicio de la viticultura en América del
Norte a principios del siglo XVII.

1763
El auge de la burguesía acaudalada en
Italia lleva a la apertura de la primera
cafetería en Turín y a los primeros
indicios de «la hora del aperitivo».

1786
Antonio Benedetto Carpano inventa su
receta del vermut en Turín.

1750-1800
Inicio de la viticultura en Sudáfrica a
mediados del siglo XVII y en Australia
a finales del siglo XVII.

'13   '15   '21   '30   '38   '50

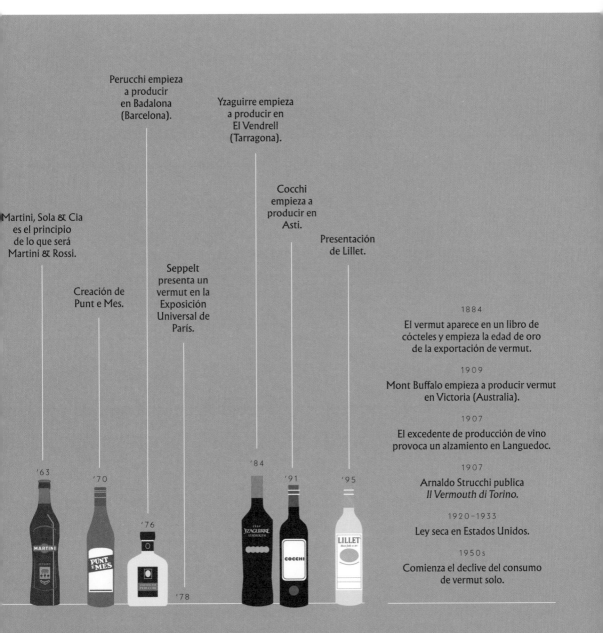

Perucchi empieza
a producir
en Badalona
(Barcelona).

Yzaguirre empieza
a producir en
El Vendrell
(Tarragona).

Cocchi
empieza a
producir en
Asti.

Presentación
de Lillet.

Martini, Sola & Cia
es el principio
de lo que será
Martini & Rossi.

Creación de
Punt e Mes.

Seppelt
presenta un
vermut en la
Exposición
Universal de
París.

1884
El vermut aparece en un libro de
cócteles y empieza la edad de oro
de la exportación de vermut.

1909
Mont Buffalo empieza a producir vermut
en Victoria (Australia).

1907
El excedente de producción de vino
provoca un alzamiento en Languedoc.

1907
Arnaldo Strucchi publica
Il Vermouth di Torino.

1920-1933
Ley seca en Estados Unidos.

1950s
Comienza el declive del consumo
de vermut solo.

'63   '70   '76   '78   '84   '91   '95

LA ERA CONTEMPORÁNEA

1970 ———————————————————————— **2000** ———

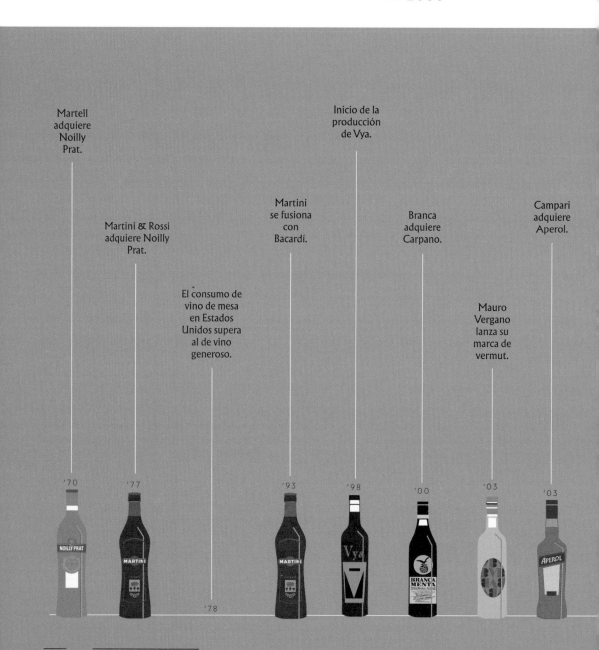

Martell
adquiere
Noilly
Prat.

Inicio de la
producción
de Vya.

Martini & Rossi
adquiere Noilly
Prat.

Martini
se fusiona
con
Bacardí.

Branca
adquiere
Carpano.

Campari
adquiere
Aperol.

El consumo de
vino de mesa
en Estados
Unidos supera
al de vino
generoso.

Mauro
Vergano
lanza su
marca de
vermut.

'70   '77   '93   '98   '00   '03   '03

'78

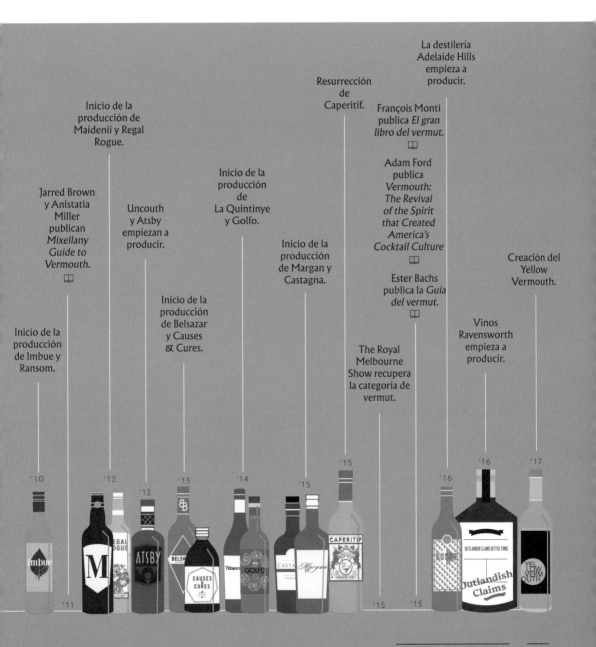

La destilería
Adelaide Hills
empieza a
producir.

Resurrección
de
Caperitif.

François Monti
publica *El gran
libro del vermut*.

Inicio de la
producción de
Maidenii y Regal
Rogue.

Inicio de la
producción
de
La Quintinye
y Golfo.

Adam Ford
publica
*Vermouth:
The Revival
of the Spirit
that Created
America's
Cocktail Culture*

Jarred Brown
y Anistatia
Miller
publican
*Mixellany
Guide to
Vermouth*.

Uncouth
y Atsby
empiezan a
producir.

Inicio de la
producción
de Margan y
Castagna.

Ester Bachs
publica la *Guía
del vermut*.

Creación del
Yellow
Vermouth.

Inicio de la
producción
de Belsazar
y Causes
& Cures.

Vinos
Ravensworth
empieza a
producir.

Inicio de la
producción
de Imbue y
Ransom.

The Royal
Melbourne
Show recupera
la categoría de
vermut.

'10   '12   '12   '13   '14   '15   '15   '16   '16   '17

'11

'15   '15

EL VERMUT EN EL MUNDO

La hora del aperitivo: esa maravillosa media hora lánguida antes del almuerzo.

Imagine que decide dar un paseo hasta su vinoteca preferida en la esquina de la *piazza* mayor de la ciudad y pedir un vermut bien frio. Quizás esa tarde lo pida con un poco de *bíter*, para estimular aún más el apetito. Cuando llega, descubre que no es el único que tiene sed: el local está repleto de clientes, todos ellos con copas de vermut en la mano. Esta escena tiene lugar a diario en innumerables bares italianos. De hecho, en Turín sucede prácticamente sin cambios desde hace más de 200 años.

La creación del primer vermut moderno (una combinación de vino, azúcar y alcohol infusionada con hierbas y especias) se atribuye a Antonio Benedetto Carpano y tuvo lugar en 1786 en una pequeña bodega frente al Palacio Real de Turín, en la Piazza Castello.

Llamó «wermut» o «vermuth» a su creación, por la palabra alemana para el ajenjo, y la bebida fue un éxito inmediato entre la incipiente burguesía turinesa, que acudía por las propiedades medicinales de ese «vino tónico» y se quedaba por el entretenimiento social. La pequeña bodega no tardó en quedarse pequeña para los ávidos clientes y Carpano tuvo que empezar a abrir veinticuatro horas al día para poder satisfacer la demanda. Se convirtió en el prototipo de los bares de aperitivo en toda Italia y, pronto, otros productores con nombres ahora tan famosos como Cinzano o Martini se subieron al carro. Turín se convirtió en la central del

vermut y estas marcas siguen dominando el mercado global, aunque la mayor parte de la producción se ha trasladado a otras partes de Italia.

Inspirada por lo que estaba sucediendo en Turín, Francia empezó a producir sus propios «vermouths» en las dos primeras décadas del siglo XIX de la mano de los pioneros Joseph Noilly, en Lyon, y Joseph Chavasse, en Chambéry, en Saboya, justo al otro lado de la frontera de Turín. Las empresas que fundaron (Noilly Prat y Dolin) siguen siendo de las más importantes en el mercado del vermut.

A diferencia del vermut italiano tradicional, que es más dulce, oscuro y amargo, el francés es más seco y pálido y depende más de los elementos herbales.

Al igual que en Italia, en Francia se considera que el vermut es principalmente una bebida de aperitivo, aunque también se ha convertido en un ingrediente fijo de la cultura culinaria gala, a la que presta sus aromas perfumados y anisados sobre todo en platos de marisco, en los que se usa para desglasar, y en salsas.

El tercer gran productor tradicional de vermut es España. La producción, centrada fundamentalmente en Cataluña, empezó a finales del siglo XIX y, a principios del XX, la cultura del vermut ya había alcanzado su punto álgido. En 1902, el Café Torino, un espectacular templo modernista dedicado al vermut y diseñado por algunos de los principales arquitectos barceloneses de la época, como Antoni Gaudí, abrió sus puertas en el Paseo de Gracia de Barcelona.

El vermut español tiende a ser más aromático y suave que sus contrapartidas italiana o francesa y ha experimentado un renacimiento durante los últimos años. Se suele tomar como aperitivo, con hielo, una rodaja de naranja, una oliva y un chorro de soda.

A mediados del siglo XIX, los primeros productores de vermut italianos y franceses vieron cómo crecía su negocio y empezaron a exportar el producto. Hicieron envíos a Sídney ya en la década de 1850 y a Nueva York en la de 1860. Los estadounidenses adoptaron la bebida con entusiasmo y los bármanes vieron rápidamente su potencial como componente en los combinados que se acababan de poner de moda: los cócteles.

Fue allí, en Estados Unidos, donde el vermut consolidó su lugar en la cultura global de la bebida como un ingrediente esencial de los ahora clásicos cócteles como el Martini (con el vermut seco de estilo francés) o el Manhattan (con el italiano, más dulce), ambos concebidos en la década de 1860. La popularidad del vermut creció y sobrevivió tanto a la ley seca como a la Gran Depresión, con lo que impulsó la cultura del cóctel hasta la Segunda Guerra Mundial.

Sin embargo, la generación de la posguerra asoció el vermut a sus padres y consideraba que los cócteles eran bebidas de viejos. La venta de vermut se desplomó en Estados Unidos y, aunque la categoría se mantuvo estable en Europa y disfrutó de un estallido de popularidad en Australia en 1970, a finales del milenio parecía que la estrella del vermut estaba prácticamente extinguida y que solo un puñado de grandes marcas globales lograría sobrevivir.

Sorprendentemente (dado que la bebida empezó a perder popularidad en ese país), fueron un puñado de artesanos estadounidenses los que impulsaron la recuperación del interés en el vermut de alta calidad en los primeros años del siglo XXI: fabricantes como Vya, Imbue y Atsby reafirmaron la primacía del vermut como una bebida por sí misma y no como un mero ingrediente de cócteles.

Durante los últimos años, otros productores artesanos, de Suráfrica a Inglaterra y de Australia a Europa, se han unido a la recuperación y han lanzado vermuts de alta calidad que toman como punto de partida a los clásicos estilos italiano y francés y les añaden su toque regional característico.

Las grandes empresas de vermut, ahora en su mayoría propiedad de multinacionales de bebidas (Noilly Prat y Martini & Rossi forman parte del gigantesco imperio Bacardí; Cinzano forma parte del Gruppo Campari), han aprovechado esta revitalización y han renovado sus marcas, lanzando nuevos productos y aumentando su gasto en publicidad y marketing. Como resultado, se espera que el mercado global del vermut haya crecido hasta los 19.000 millones de dólares en 2021.

Son varios los motivos que explican el regreso del vermut. La escena del cóctel vuelve a vibrar en todo el mundo y la industria de los licores artesanos (sobre todo la de la ginebra artesanal) ha explotado. La hora del aperitivo ha vuelto. Y allá donde se preparen cócteles, donde se destile ginebra o se beban aperitivos, encontrará vermut.

Por otro lado, tanto los consumidores como los productores de bebida son cada vez más aventureros y están cada vez más dispuestos a probar vinos nuevos y extraños, a buscar nuevos sabores y a indagar en nuevas combinaciones de sabores; básicamente, como decían en Star Trek, a llegar hasta donde ningún otro bebedor ha llegado jamás. Y el vermut encaja a la perfección en las expectativas del aventurero: es un lienzo en blanco sobre el que el productor de vermut creativo puede aplicar permutaciones ilimitadas de vino, licor, azúcar y extractos de plantas.

— MAX ALLEN

EL VERMUT
EN AUSTRALIA

En Australia, el vermut cuenta con una historia sorprendentemente larga y rica.

En la primera mitad del siglo XIX, antes del desarrollo de una industria significativa de vinos y licores locales, el vermut fue solo una de las muchas bebidas que los comerciantes coloniales importaban de Europa.

En 1855, *The Sydney Morning Herald* escribió que el vermut Noilly era la «marca preferida» de los australianos pero que, como escaseaba, se veían obligados a beber marcas de peor calidad. Era obvio que el vermut francés de calidad era muy popular entre los consumidores exigentes.

Las bodegas australianas empezaron a producir en serio sus propios vermuts durante la segunda mitad del siglo XIX, y no solo para el consumo nacional, sino también para su posible exportación. En 1878, Seppelt, una bodega del valle de Barossa, presentó un vermut de Australia Meridional en la Exposición Universal de París. Estos primeros vermuts, junto con una variedad asombrosa de otros digestivos, como *bíter* de lúpulo y champán de quinina, se solían promocionar por sus propiedades curativas. Por ejemplo, Hardys, una importante bodega de Australia Meridional, anunciaba en la década de 1880 su vermut como «el tónico de vino más puro que existe». Gracias a que aún se conservan algunas de sus recetas, podemos intuir cómo sabían esos primeros vermuts australianos. Bill Seppelt, el custodio actual de los archivos vinícolas de la familia, conserva las libretas donde su abuelo anotó las distintas mezclas de hierbas y esencias que importaba de Domenico Ulrich en Turín y de W. J. Bush & Co. en Londres y donde enumeró los otros aromatizantes que usaba: aceite de cilantro, nuez moscada, cardamomo y tomillo, que se añadían a los vinos dulces generosos de base.

A principios del siglo XX, todas las grandes bodegas australianas (Seppelt, Hardys, Penfolds, Lindeman's, entre otras) producían vermut. Otros viñedos regionales y ahora olvidados, como Darveniza's Excelsior Vineyard en el valle de Goulburn, en la región de Victoria, también estaban en el mercado y habían contratado a un enólogo de Burdeos para que produjera vermut y vino de quina. Asimismo, otros bodegueros como Alexander y Paterson en Melbourne, embotellaban entonces su propio vermut. De nuevo, era habitual que la promoción se centrara en los efectos beneficiosos de las bebidas. El vermut de Victorian Associated Vineyards consistía en ajenjo, lámpara de Buda, genciana, centaura y otras hierbas combinadas hábilmente con el zumo de la uva Pedro Ximénez, y se decía de él: «Posee las cualidades de un licor estomacal amargo que actúa con gran eficacia y libera los intestinos de toda flatulencia y dolor». Genial.

Otra de las bodegas de Victoria que lanzó con éxito su propia marca de vermut en esa misma época fue Fabbri & Gardini, del norte de Melbourne. Giuseppe Fabbri había combatido junto a Garibaldi antes de emigrar a Australia en la década de 1870 y, con su socio Bruto Gardini, desarrolló varios vinos y bebidas, incluida una marca de vermut en 1909 llamada Mont Buffalo, una botella del cual se conserva aún llena en la Sociedad Histórica Italiana de Carlton. Es uno de los escasos vermuts producidos en Australia que, en lugar de copiar descaradamente la imagen de marca francesa e italiana, hizo alusión a un punto de referencia local, el monte Búfalo, al noreste de Victoria, que se convirtió en el hogar de una numerosa comunidad italiana.

La popularidad del vermut se disparó durante la locura por los cócteles que se desató en la década de 1920. Al igual que en Estados Unidos, se convirtió en un elemento indispensable en el arsenal de los bármanes y se solía usar en los cócteles de moda, como el Martini (o Gin & French, como se lo conocía en Australia, en alusión a la preferencia del país por el vermut de estilo francés, más seco, en lugar del italiano, más dulce). En 1927, la bodega Yalumba del valle de Barossa respondió a esta nueva tendencia lanzando un cóctel ya mezclado de vermut y ginebra al que llamaron con gran creatividad (y algo de descaro) Ver-Gin. La demanda de vermut alcanzó tal nivel que, en la década de 1930, la importante marca italiana Cinzano inauguró una fábrica en Sídney para producir allí las bebidas para el mercado australiano.

Como era de esperar, las ventas de vermut se desplomaron durante los años de la Gran Depresión y la Segunda Guerra Mundial, pero aunque los consumidores australianos ya habían dejado atrás la bebida llegada la década de 1950, la mayoría de grandes bodegas seguían produciéndola, aunque en cantidades más reducidas. A finales de la década de 1960 se hizo algún intento de reavivar el interés por el vermut y la revista *Australian Women's Magazine* recomendaba servir cócteles con vermut en las fiestas, junto con suculentas recetas como ternera empanada con vermut y olivas, chuletas de cerdo con vermut y ciruelas pasas o riñones en salsa de vermut.

La campaña debió de dar en el blanco, porque la población volvió a aficionarse al vermut en la década de 1970 y los productores de vermut empezaron a competir con mayor regularidad en los concursos de vino australianos. El prestigioso crítico James Halliday recuerda que participó como jurado en su primer concurso en Sídney en 1974 y que le asignaron la categoría del vermut, a pesar de que jamás había probado la bebida con anterioridad. Richard Warland, el enólogo de Hardys, recuerda haber catado los vermuts en un concurso hacia esa misma época y que detectó un singular sabor a limón en los que obtuvieron mayores puntuaciones, así que empezó a añadir esencia de limón al vermut de Hardys: el año siguiente se hizo con la medalla de oro. John Angove, director general de la bodega de su familia en la región Riverland de Australia Meridional, recuerda que en la década de 1970 vendieron más cantidades de Marko, su marca de vermut, que de cualquier otra bebida.

El dinamismo del mercado australiano llevó a la empresa italiana Martini & Rossi a contratar a Yalumba para que produjera en Barossa sus vermuts bajo licencia a principios de la década de 1970. Peter Wall, director de producción de Yalumba, recuerda haber pasado unos meses muy agradables visitando las instalaciones de la empresa italiana en Europa. Casualmente, las visitas coincidían siempre con la temporada de esquí.

De todos modos, la marca más exitosa en la década de 1970 fue Cinzano, gracias en parte a una amplia campaña de marketing protagonizada por la leyenda australiana del tenis John Newcombe. En un anuncio en prensa, la estrella presentaba incluso su «propio» cóctel, el Newk. Se le había ocurrido una idea imbatible para Cinzano e inventó un cóctel de vaso largo en honor a sí mismo. ¿Por qué no se anima a probarlo? Ponga abundante hielo en un vaso largo, añada una parte de Cinzano Rosso, una parte de Cinzano Bianco y dos partes de Cinzano Extra Dry. Dele el toque final con ginger ale y remueva con suavidad. Añada una rodaja de limón como guarnición. Si menciona este cóctel a cualquier australiano que creció pegado a la televisión durante esa época, recitará automáticamente el eslogan en italiano del anuncio: «Cin cin!» (¡Chinchín!).

Las ventas de vermut empezaron a declinar durante las décadas de 1980 y 1990 y los consumidores más jóvenes se interesaron por otras bebidas: cócteles nuevos y sin vermut, como el Cosmopolitan, vinos emergentes de climas fríos y cervezas artesanales.

Las marcas clásicas de vermut australiano fueron desapareciendo una por una de las estanterías: Marko, de Angove, logró mantenerse hasta la década de 2000, pero a principios de la década de 2010, De Bortoli, que vendía su vermut barato en garrafas de dos litros, copaba prácticamente todo lo que quedaba de mercado para los productos locales.

Por eso, cuando los vermuts australianos de calidad reaparecieron en 2012, dio la impresión de que habían salido de la nada. Para toda una generación de consumidores que habían crecido sin la menor experiencia de vermuts nacionales, la categoría era absolutamente novedosa. En realidad, no era más que el nuevo y emocionante capítulo de una historia muy larga.

– MAX ALLEN

LAS UVAS

El vino base del vermut se puede producir con distintas variedades de uva.

Cuando se trata de grandes cantidades de vermut, los productores usan uvas de grandes regiones vinícolas, mientras que los vermuts más artesanales suelen recurrir a variedades de uva locales. Aunque tradicionalmente el vermut se hacía con uvas blancas, las negras se usan cada vez más en la producción del vermut contemporáneo.

La **moscatel** fue una de las uvas más populares y más empleadas en la Era Industrial, sobre todo en el Piamonte (Italia). La familia del moscatel es muy numerosa y las variedades más aromáticas son la moscatel de grano fino y la moscatel de Frontignan. La muscat ottonel, la moscato giallo, la moscatel de Alejandría y otras variedades son también buenas candidatas para elaborar los vinos de base del vermut. La uva moscatel se cultiva en todo el mundo y produce vinos dulces muy conocidos como el Vin de Constance (Sudáfrica), el famoso Muscat de Rutherglen (noreste de Victoria, Australia) o el Zibibbo di Pantelleria (Italia).

A finales del siglo XIX y principios del XX, el volumen de la producción había alcanzado tales niveles que no había suficiente uva moscatel local (ni tampoco de otras variedades) para satisfacer la demanda. Por ejemplo, Martini empezó a usar las variedades **trebbiano** y **catarratto** para la mayoría de su producción y empleaba uvas de alto rendimiento procedentes de áreas como Emilia-Romaña, Puglia o Sicilia, por lo que el producto

final era más rentable. En su reserva más reciente, Martini ha usado las variedades locales **nebbiolo del Langhe** o **moscatel de Asti.**

Originalmente, Carpano usó la uva moscatel de Asti (una región italiana famosa por su vino espumoso), que aún hoy se sigue usando junto a una mayor proporción de uvas de Sicilia, debido a la elevada demanda de esta variedad. Cocchi, con sede en Asti, sigue usando uvas moscatel.

Al otro lado de los Alpes, Dolin usaba la variedad local **jacquère**, que produce un vino de matices ácidos y que ahora mezclan con **ugni blanc**. La ugni blanc, conocida también como trebbiano, es una uva neutra y de alto rendimiento que se usa fundamentalmente en el suroeste de Francia para producir coñac. En Italia es la segunda variedad de uva blanca más cultivada. Sus sinónimos, u otros nombres conocidos, son **talia** en Portugal, **Saint Emilion** en California o trebbiano con distintos clones o plantas-madre. En el sur de Francia, Noilly Prat usa **clairette** y **picapolla**: son dos variedades de uvas que se cultivan cerca de Montpellier. Se las considera «uvas secundarias», porque no se encuentran entre las variedades «nobles» originales. La clairette es famosa en el Drôme, cerca de Montélimar, por la ancestral y espumosa Clairette de Die, mientras que la picapolla es la base de un vino con denominación de origen controlada (DOC), el Picpoul de Pinet, que en la actualidad está experimentando cierta recuperación.

En Burdeos, Lillet usa **sauvignon blanc** y **semillon**, dos variedades muy conocidas entre los aficionados al vino y que forman la base de los mejores vinos de Sauternes y de la mayoría de los blancos de Burdeos. La sauvignon blanc, en concreto, es muy popular ahora, tanto en

Sancerre como en Marlborough (Nueva Zelanda), donde se usa de un modo completamente distinto. La semillon cultivada en Hunter Valley, cerca de Sídney (Australia), también cuenta con sus seguidores.

En España, el vermut se suele producir con la uva blanca **airén** y/o **macabeo** o **viura**, como se la conoce en La Rioja. La airén es la variedad de uva blanca que más se cultiva en España. En concreto, la mayoría de las viñas de airén están localizadas en la región de Castilla-La Mancha. Y la macabeo es, con diferencia, la principal variedad de uva blanca en La Rioja, pero también es muy popular en el norte de España y al otro lado de los Pirineos, en Francia. Aunque es raro ver a la noble uva **albariño** de Galicia en el vermut, St. Petroni la usa en el suyo. Los vermuts de los productores de jerez usan la uva local **palomino** o **Pedro Ximénez** una vez convertidas en jerez. El Pedro Ximénez suele ser el vino más usado en el vermut andaluz, como Lustau o González Byass. La uva negra también está ganando popularidad en España y las variedades **tempranillo** y **garnacha** se usan habitualmente para producir vermut. Las tempranillo de mejor calidad se encuentran en La Rioja y también en Portugal, bajo el nombre de aragonês o tinta roriz, mientras que la garnacha se encuentra por toda España y también en el sur de Francia, donde la llaman grenache, y en Cerdeña, donde la llaman cannonau. La uva tempranillo produce varios vinos y algunos nombres excepcionales como el Vega Sicilia, de la Ribera del Duero y la famosa Grenache en Château Rayas (Châteauneuf-du-Pape, Francia).

Los productores más recientes experimentan mucho más con las uvas. En Alemania, Belsazar representa a la nueva generación del vermut en el Viejo Continente.

La palabra vermut procede del alemán *wermut* y el *Wermutwein* era una bebida muy habitual en la Edad Media. El vermut de Belsazar usa uvas locales, como Spätburgunder (**pinot noir**), **gewürztraminer** y **chasselas**, dependiendo del estilo del vermut. En la actualidad, la pinot noir es la uva negra más de moda en todo el mundo y el punto de referencia incuestionable son los borgoñas tintos como Musigny o Romanée-Conti. La gewürztraminer con nombre alemán se cultiva fundamentalmente en Alsacia (Francia), seguida de Alemania y de Italia, pero la variedad (también conocida como traminer) se puede encontrar en muchos países, desde Australia hasta Estados Unidos, pasando incluso por Japón e Israel. La uva chasselas es conocida sobre todo como uva de mesa y estuvo de moda entre los reyes de Francia entre los siglos XVI y XVII. Es la variedad de vid más plantada en Suiza y se usa en la producción vinícola próxima al lago Lemán, entre Ginebra y Lausana, el Valais y la región de Neuchâtel.

En Estados Unidos, algunos productores, como Vya en la Costa Oeste, han basado su mezcla en variedades europeas tradicionales, como tempranillo o moscatel. Ransom, un productor de Oregón, usa **riesling**, **chardonnay** y pinot noir.

La riesling es muy popular entre los nuevos productores de vermut. Se la considera una variedad «noble», que en enología significa que es muy apreciada por su alta calidad y su expresión de la tierra en la que se planta. La mejor expresión de la uva riesling se halla junto al Rin en Alsacia y en el valle del Mosela en Alemania. Esta variedad de uva puede producir tanto los vinos más dulces como los más secos, como el Eiswein (vino de hielo) de Alemania.

La uva riesling es muy importante en Centroeuropa, donde ocupa una vasta extensión, y ahora se encuentra en todo el mundo. La de Australia Meridional se ha labrado cierta reputación, después de que los colonos alemanes la introdujeran en el siglo XIX en los valles de Barossa y de Clare. Duncan Forsyth, en Mount Edward en la región de Otago (Nueva Zelanda), produce un vermut basado en uva riesling, siguiendo la tradición del vino de ajenjo del Rin.

Muchos productores de Oregón (Estados Unidos) han empezado a incorporar la variedad borgoñona de pinot noir y también han recibido con entusiasmo a la chardonnay. Es muy probable que la chardonnay sea la uva productora de vino más conocida del mundo. Esta variedad blanca procede de Borgoña y se ha cultivado con éxito en muchas partes del mundo, porque se adapta muy bien a condiciones muy distintas. A pesar de ello, Borgoña sigue siendo el punto de referencia para la chardonnay, con sus grandes vinos de Chablis y Côte de Beaune, como el Montrachet. En la Costa Este estadounidense encontramos a Uncouth, que usa vinos locales de Long Island o Finger Lakes. Atsby, el primer vermut que se produjo en Nueva York, usa chardonnay de Long Island. El Caperitif, de Swartland (Sudáfrica), se basa en una antigua receta de vino de quina y ahora usa una combinación de **chenin blanc** y de **moscatel de Frontignan**. Hace tiempo que estas dos variedades se cultivan con éxito en Sudáfrica. En concreto, algunas vides antiguas de chenin blanc están produciendo vinos excelentes bajo el nombre de *steen*.

La chenin blanc procede del valle del Loira, donde se usa para producir una amplísima variedad de estilos de vinos, desde espumosos hasta blancos secos o vinos dulces cuando se ha visto afectada por la botritis. Los famosos nombres de Vouvray, Bonnezeaux y Quarts de Chaume en Anjou son inseparables de sus vinos, producidos a partir de uvas chenin blanc. Se trata de una vid difícil de cultivar, por su susceptibilidad a las enfermedades en climas más húmedos, pero productores neozelandeses como Milton han obtenido vinos excelentes con estas uvas y su popularidad también está creciendo en Australia.

Es posible que Australia haya adoptado el rumbo más experimental: Maidenii usa **viognier**, **syrah** y **cabernet sauvignon**; Causes & Cures usa **sangiovese** y **viognier**; Adelaide Hills usa **chenin blanc** y **garnacha**; Castagna usa **roussanne** y **viognier**; Real Rogue usa **semillon de Hunter**, **semillon de Barossa** y **syrah**, y Ravensworth usa garnacha y **pinot gris**.

La viognier es una variedad blanca aromática procedente del norte del valle del Ródano, donde casi se extinguió en la década de 1970. El Château-Grillet es uno de los vinos más conocidos de la zona y su popularidad ha aumentado desde principios del siglo XXI, tanto en el sur de Francia como en California, Nueva Zelanda y Australia. Se combina en pequeñas proporciones con syrah para producir tintos elegantes, como los de Côte-Rôtie.

Syrah, también conocida como shiraz, **serine** y, en el pasado, **hermitage**, es otra variedad de uva negra del valle del Ródano. Aunque los vinos de la colina del Hermitage han hecho famosa a esta variedad, países como Australia han experimentado más recientemente y con gran éxito con ella y han producido vinos como Hill of Grace, en Henschke. La variedad syrah se usa muy poco para producir vermut, porque puede ser muy oscura, pero es muy adecuada para la producción de rosado.

Es muy probable que la uva cabernet sauvignon sea la candidata menos habitual para el vermut, debido a que esta variedad de uva tinta tiene una gran carga tánica. Podemos ver el mejor uso de la cabernet en el Médoc de Burdeos, aunque California también se

SANGIOVESE
Y VIOGNIER

VIOGNIR,
SYRAH Y
CABERNET
SAUVIGNON

CHENIN
BLANC Y
GARNACHA

SEMILLON
DE HUNTER,
SEMILLON
DE BAROSSA
Y SYRAH

ROUSSANNE
Y VIOGNIER

ha ganado una sólida reputación como productora de vinos de calidad con cabernet sauvignon. Se trata de una variedad muy popular en viñedos de todo el mundo y en Chile se cultiva desde el siglo XIX. Más recientemente, se ha empezado a producir en la región italiana de Bolgheri, en Australia, en la isla Norte de Nueva Zelanda e incluso en China. La sangiovese es otra variedad inusual para el vermut, porque es una uva muy sabrosa y con una elevada carga tánica. Esta variedad toscana también se cultiva en muchas regiones vinícolas de Italia, además de en Córcega y en Argentina. Hace poco que la sangiovese se ha exportado y empezado a cultivar en algunas partes de California y de Australia.

La roussanne es una variedad blanca del valle del Ródano y cuenta con una producción limitada en Australia, aunque hay pruebas documentales de su presencia en el continente ya a finales del siglo XIX, en Yerinberg (valle del Yarra). Junto a la uva **marsanne**, es célebre por su uso en los vinos blancos de Hermitage.

La pinot gris pertenece a la amplia familia pinot y es famosa sobre todo en Alsacia, por sus variedades blancas secas de gran textura, además de por los vinos de vendimia tardía con uvas afectadas por la botritis. Más recientemente, Italia ha puesto a la **pinot grigio** en el mapa, por la frescura de sus vinos blancos.

Esta lista, en absoluto exhaustiva, demuestra que las posibilidades para la producción de vermut son infinitas y que la variedad de uva que se usa depende, principalmente, de la oferta de la zona y de lo que sea más adecuado para el estilo del vino acabado. Es importante destacar lo distinto que es este enfoque tradicional de la producción industrial de vermut, donde se priorizan el volumen y el coste y, por lo tanto, se usan uvas de regiones de alto rendimiento en tierras productivas. Por el contrario, podríamos decir que, de forma general, la nueva generación de productores de vermut en todo el mundo busca uvas de regiones vinícolas de alta calidad, como Belsazar en la región de Baden, Ransom en Oregón, Atsby en Long Island y Maidenii en Heathcote.

Las uvas van acompañadas de la DOC o de la indicación geográfica (IG), pero, hasta la fecha, el único vermut con una IG es el Vermouth di Torino, que solo exige el uso exclusivo de vino italiano. Se puede declarar la DOC de Piamonte si el vermut se ha elaborado con más de un 20 % de volumen de este vino italiano. El Vermouth de Chambéry tenía una DOC protegida, pero ahora solo cuenta con un productor importante y otro marginal, por lo que Europa ya no reconoce la denominación. Aunque la regulación del vermut aborda únicamente el proceso de producción, en mi opinión, la elección de las uvas utilizadas es igualmente importante.

LA NORMATIVA

El vermut es un vino muy regulado, sobre todo en Europa.

La Organización Internacional de la Viña y el Vino (OIV) define el vino como «exclusivamente, la bebida resultante de la fermentación alcohólica, completa o parcial, de uvas frescas, estrujadas o no, o de mosto de uva. Su contenido en alcohol adquirido no puede ser inferior a 8,5% vol. No obstante, teniendo en cuenta las condiciones del clima, del suelo o de la variedad, de factores cualitativos especiales o de tradiciones propias de ciertas regiones, el grado alcohólico total mínimo podrá ser reducido a 7% vol. por una legislación particular en la región considerada».

El vermut pertenece también a una subcategoría de vinos conocidos como «vinos generosos». Se trata de vinos a los que se añade algún licor en fases concretas del proceso de elaboración, en función del estilo y del efecto deseados. Otros vinos incluidos en esta categoría son el Oporto, el Jerez, el Madeira, el Apera, el Topaque y el menos popular vino dulce natural (VDN), como el Rivesaltes, el Maury o el Banyuls, o el vino de licor (VDL), como Pineau de Charentes o el Floc de Gascuña. Sin embargo, al estar «aromatizado», el vermut va un paso más allá y añade extractos naturales de distintas partes de las plantas, como las hojas, los frutos, las raíces, las flores y los tallos. Todo ello da como resultado una bebida semiamarga.

VINO AROMATIZADO

Según la OIV se entiende por vino aromatizado:

1 / al obtenido a partir de al menos el 75% en volumen de vino y/o de vino especial, según se define en el Código Internacional de Prácticas Enológicas de la OIV, que ha sido sometido a un proceso de aromatización;

2 / al que se puede haber añadido alcohol etílico de origen vitícola, un destilado de vino o alcohol de origen agrícola;

3 / al que puede haber sido sometido a un proceso de edulcoración;

4 / al que puede haber sido sometido a un proceso de coloración;

5 / al que puede haber sido sometido a una o varias del resto de prácticas enológicas específicas aplicables a esta bebida;

6 / aquel con una graduación alcohólica adquirida que varía entre el 14,5%, como mínimo, y un máximo del 22% (en volumen).

EL VERMUT EN LA UNIÓN EUROPEA

La categoría de «Vinos aromatizados» contiene una subcategoría para el «Vermut». Afirma que la especificidad de la bebida final debe satisfacer los siguientes parámetros técnicos, definidos por la normativa de la Unión Europea (Reglamento n.º 251/2014):

1 / una graduación alcohólica adquirida que varía entre el 14,5%, como mínimo, y un máximo del 22% (en volumen).

2 / obtenida a partir de al menos el 75% en volumen de vino;

VINO	VINO GENEROSO	VINO AROMATIZADO	VERMUT	VINO DE QUINA/ AMERICANO/ CHINATO/ AMARO
1	2	3	4	5

3 / que ha sufrido adición de alcohol;

4 / cuyo sabor característico ha sido obtenido mediante la utilización de sustancias derivadas de especies de *Artemisia*;

5/ la adición de agua, colorantes, edulcorantes y otros aromatizantes está permitida, pero no es obligatoria.

EL VERMUT EN ESTADOS UNIDOS

La legislación estadounidense para la producción de vermut difiere ligeramente de la del resto del mundo.

La Agencia de Impuestos y Comercio de Alcohol y Tabaco (TTB) estadounidense define en la sección 21, clase 7 de su Reglamento n.º 4 al vino de «Aperitivo» como «cualquier vino con una graduación alcohólica no inferior al 15 % del volumen, compuesto por vino de uva al que se ha añadido brandy o alcohol y aromatizado con hierbas y otros materiales aromáticos naturales». El vermut se define, específicamente, como «un tipo de vino de aperitivo, compuesto por vino de uva y con el sabor, aroma y características que generalmente se atribuyen al vermut». El uso de especies de *Artemisia* y, en concreto, del ajenjo, está restringido, con el objetivo de crear un producto final sin tujona, una sustancia a la que se considera alucinógena. Es importante señalar que el ajenjo no es el único botánico que contiene tujona: también se halla en plantas como la salvia, la artemisia, el enebro y el orégano. Debido a esta regulación, muchos productores americanos de vermut no usan *Artemisia*, con algunas excepciones, como Uncouth, que usa artemisa (*A. vulgaris*) en lugar de ajenjo (*A. absinthium*).

ESTO NO ES VERMUT EXACTAMENTE

Algunos vinos aromáticos no se consideran vermuts, por los vinos o los botánicos concretos que se usan en su elaboración. Algunos de ellos son:

VINO DE QUINA

Cuando la aromatización principal se obtiene con aroma natural de quina.

AMERICANO

Cuando la aromatización se debe a la presencia de sustancias aromatizantes naturales procedentes de la artemisa y de la genciana y se han añadido a la bebida los colores amarillo y/o rojo mediante colorantes autorizados.

BAROLO CHINATO

Elaborado con vino de la IG de Barolo y cuyo sabor principal es la quinina natural.

BÍTER

Cuando la aromatización se debe a la presencia de sustancias aromatizantes naturales procedentes de la genciana y se han añadido a la bebida los colores amarillo y/o rojo mediante colorantes autorizados.

AMARO

Algunos se elaboran con una base de vermut, a diferencia de la mayoría de amari, cuya base es el alcohol.

Aunque el origen del término «vermut» es alemán, ahora se lo conoce por muchos nombres.

Hay otros nombres que, con frecuencia, se asocian al vermut y se hallan en las etiquetas de vermut, pero no están regulados. Entre ellos, se incluyen:

ROSSO, ROJO Y ROUGE
que indican un vermut dulce al que se describe como «al estilo de Turín».

ROSATO, ROSADO Y ROSÉ
términos relativamente recientes que se usan para describir un estilo de vermut más ligero.

BIANCO, BLANCO Y BLANC
describen un vermut dulce al que no se ha añadido caramelo.

RISERVA, GRAN RISERVA, CLASSIC, CLÁSICO, OLD VINE, AMBRATO Y AMBRÉ
nombres que suelen aparecer en las etiquetas y que aluden a un estilo concreto de cada marca.

Independientemente de dónde se produzca, el vermut siempre empieza con vino y el vino siempre empieza con uvas (p. 26). Hay quien dice que el vino no es más que una bebida y quizás lo sea una vez está en la copa, pero antes de ese momento se han tenido que tomar muchas decisiones. La primera es la de recoger las uvas. En el Paleolítico, nuestros antepasados tenían que subirse a los árboles para alcanzar las trepadoras viñas silvestres. Ahora, la viticultura nos permite vendimiar usando maquinaria. Esta tecnología se ha desarrollado a lo largo de los últimos 30 años y mejora sin cesar. Algunas uvas se siguen recogiendo manualmente, con frecuencia en viñedos más pequeños, de difícil acceso o de calidad superior. Una vez recogidas, las uvas se pueden aplastar, estrujar y despalillar o, sencillamente, descargarse tal cual en cubas de fermentación.

La tecnología de la fermentación también evoluciona rápidamente, aunque algunos productores han decidido recuperar métodos ancestrales. Tras la supremacía moderna del acero inoxidable y de la higiene de grado hospitalario, estamos presenciando el regreso de la madera y de la terracota, con más práctica tradicional y menos interferencias. A pesar de que el avance de la biotecnología ha permitido que los productores entiendan mejor los procesos de fermentación, también ha llevado al desarrollo de más aditivos. Y, con tantas opciones de producción disponibles, el enólogo ha de tener una idea muy clara del producto final a la hora de seleccionar el mejor método para obtener el vino deseado.

La fase más crítica de la producción de vermut es la extracción de los botánicos, por sus aromas y sus cualidades amargas. Se pueden extraer con vino, con alcohol o con ambos. Los aromas también se pueden obtener mediante la destilación. Cada método de extracción da resultados distintos, al igual que la temporada o la región de las plantas. Por ejemplo, me he dado cuenta de que el mirto anís de 2017 es mucho más potente que el del año anterior, a pesar de que hemos usado el mismo método de extracción. Del mismo modo, las naranjas de Mornington (Victoria, Australia) son más amargas que las de Mildura.

La particularidad del vermut es el uso de la planta que dio nombre a la bebida: el ajenjo. La legislación de la Unión Europea especifica no solo que ha de ser ajenjo, sino una planta del género *Artemisia*. Tal y como se describirá en el capítulo siguiente, la familia de la *Artemisia* es muy amplia.

wermut

vermouth

vermout

vermú

vermut

wermoed

LA PRODUCCIÓN

Como es imposible generalizar el proceso de producción del vermut, lo ilustraremos con dos ejemplos concretos.

DOLIN

Dolin fabrica vermut en Francia desde principios del siglo XIX. La empresa es propiedad de la familia Sevez, que adquirió Dolin en 1919, y aún hoy elabora su vermut seco siguiendo la receta original de 1821. Al principio de su historia, Dolin usaba vino local como base de su vermut, pero ahora la mayoría procede de bastante más lejos y es adquirido en forma de vino acabado a granel, es decir, vino que aún no se ha embotellado y que se puede comprar al por mayor en camiones cisterna. Dolin afirma que el vino base ha de ser tan neutro como sea posible, un argumento que comparten muchos grandes productores.

1 — Los botánicos se combinan con el vino blanco en una cisterna y se dejan macerar. La mezcla se agita a diario antes de filtrar el vino aromático y descartar los botánicos.

2 — Se disuelve azúcar en agua y, a continuación, se añaden la mezcla azucarada y el alcohol al vino blanco aromatizado.

3 — El vino se afina y se clarifica y, luego, se refrigera para permitir la precipitación de los cristales de bitartrato de potasio.

4 — El vermut se refrigera y se filtra, para eliminar los sólidos que hayan podido quedar.

5 — Para terminar, se añade una pequeña cantidad de dióxido de azufre, a fin de conservar el frescor del vermut.

6 — El vermut se analiza en el laboratorio, para garantizar tanto la composición correcta como el contenido de alcohol: 17,5 %.

7 — Justo antes del embotellado se añade una pequeña dosis de ácido metatartárico, para evitar la precipitación de cristales de bitartrato de potasio.

8 — El vermut se embotella, tapa y etiqueta como Dolin Dry Vermouth.

MAIDENII

En Maidenii (Australia) elaboramos nuestro vermut siguiendo un método más contemporáneo. El vermut contiene como mínimo un 75 % de vino, por lo que entendemos que es un factor crucial en la producción, usamos viñas de una región de alta calidad y controlamos el proceso de producción del vino base. Cuando hablamos de producir vino, la sencillez es clave y la mejor práctica posible es la del intervencionismo mínimo. También valoramos la selección de las uvas en función de los distintos estilos de vermut. Por ejemplo, Maidenii Classic es un vermut semiseco de color rosado para el que usamos uvas syrah de la IG Heathcote, muy valoradas para la producción de vino tinto.

1 ————— Las uvas se vendimian a mano, para minimizar la extracción de color antes de llevarlas a la prensa sin despalillar, también para evitar la pérdida de color. Un suave prensado nos permite extraer el jugo rosa en las mejores condiciones. En esta fase, la temperatura se controla entre los 15 °C y los 20 °C, para que fermenten las levaduras naturales.

2 ————— El siguiente paso es crucial: la fortificación durante la fermentación. Para ello, añadimos el alcohol en el momento preciso para obtener el nivel final de azúcar en el vermut. Esta operación se tiene que controlar de cerca mediante el análisis continuado de la fermentación.

3 ————— Otra de las etapas clave de este proceso es la introducción de los botánicos mediante un alcohol. Los botánicos se maceran por separado en alcohol durante de uno a dos meses. Luego se combinan para crear la «tintura madre», que es distinta para cada estilo de vermut. Una vez añadida la tintura madre y fortificado el vermut, este ya cuenta con todos sus ingredientes. No se añade azúcar para endulzarlo ni caramelo para darle color. En este momento, el vermut se deja madurar y clarificar durante unos meses.

4 ————— El vermut se filtra antes de ser embotellado y solo se añade una cantidad mínima de dióxido de azufre.

5 ————— El vino se embotella y se etiqueta: ya está listo para su consumo.

Embotellamos una pequeña cantidad de ese mismo vino, pero sin filtrarlo. Producir vermut de este modo es más natural, y al no filtrarse solo necesita de una mínima cantidad de azufre. Este método refleja con más precisión el modo en que el vermut se hacía originalmente y la diferencia en la intensidad del producto acabado resulta muy interesante.

EL ALCOHOL

Los hallazgos arqueológicos han revelado que el primer «antepasado» del vermut no se hacía con licor, ya que no estaba disponible.

Algunos productores tradicionales, como Dolin, siguen prefiriendo macerar los botánicos en vino. En el siglo IX, los alquimistas árabes descubrieron el proceso de destilación y, aunque se usaba fundamentalmente con fines medicinales y aromáticos, lo cierto es que cambió el mundo del vermut. El licor ayuda a estabilizar el vermut porque eleva su contenido en alcohol hasta un punto en el que el azúcar no fermenta con facilidad y, además, también reduce los efectos de la oxidación.

Al igual que sucede con la producción de perfume, los botánicos son la principal característica del vermut y la extracción y la combinación de las esencias es todo un arte. La capacidad de extracción del licor es superior a la del vino, porque su contenido en alcohol es mucho más elevado. Se puede añadir al vino durante la fermentación para obtener una mistela (un zumo de uva parcialmente fermentado y que conserva gran parte del dulzor natural) que luego se puede usar como un elemento de la mezcla en la elaboración de vermut y de otros productos. El licor también se puede añadir al vino terminado, antes de agregar los botánicos. La mayoría de las marcas nuevas e industriales extraen los botánicos en un licor neutro al 96% o en un licor diluido hasta aproximadamente el 50%. Sin embargo, algunos productores, como Noilly Prat, maceran sus botánicos en una mezcla de vino y licor y dejan que maceren en *foudres*, o tinas, de madera.

Según la normativa europea (Reglamento n.º 251/2014), los únicos alcoholes autorizados para su adición a los vinos aromatizados son:

a) alcohol etílico de origen agrícola, tal como se define en el anexo I, punto 1, del Reglamento (CE) n.º 110/2008, incluido el de origen vitivinícola;

b) alcohol de vino o de uvas pasas;

c) destilado de vino o de uvas pasas;

d) destilado de origen agrícola, tal como se define en el anexo I, punto 2, del Reglamento (CE) n.º 110/2008;

e) aguardiente de vino, tal como se define en el anexo II, punto 4, del Reglamento (CE) n.º 110/2008;

f) aguardiente de orujo, tal como se define en el anexo II, punto 6, del Reglamento (CE) n.º 110/2008;

g) bebidas espirituosas destiladas de uvas pasas fermentadas.

«Origen agrícola» puede referirse a cereales, maíz, uvas, remolacha, caña de azúcar, tubérculos u otro material vegetal fermentado.

La destilación también permite extraer los aromas de los botánicos, pero este método apenas se usa. Martini & Rossi combinan todos estos métodos y, como forman parte de un gran grupo de bebidas espirituosas, tienen acceso a ginebra barata en la que macerar sus plantas. Otras bebidas espirituosas populares, como el whisky, la absenta, el vodka, el coñac o el ron, también se pueden usar en la producción de vermut.

EL AZÚCAR

El dulzor es un aspecto importante en el vermut, sobre todo porque equilibra el sabor amargo que, con frecuencia, puede resultar desagradable.

Aunque son varios los ingredientes que pueden aportar dulzor, el principal es la fruta. Las uvas contienen una gran cantidad de azúcar en forma de glucosa y de fructosa que, cuando fermentan, se transforman en alcohol. Añadir una bebida espirituosa (fortificación) detiene la fermentación, lo que permite conservar el azúcar natural. Sin embargo, son pocos los productores de vermut que usan esta técnica, porque dificulta mucho la obtención de niveles precisos de azúcar y de alcohol y porque determina el tiempo que se tarda en producir el vermut, que se alarga mucho. Maidenii es uno de los pocos productores de vermut que usa esta técnica. La alternativa es añadir azúcar. Si queremos añadir azúcar, nos debemos plantear las preguntas siguientes: ¿qué azúcar? ¿Cuándo añadirlo? ¿Cuánto añadir?

La lista de agentes edulcorantes es larga, pero la normativa europea (Reglamento n.º 251/2014) ha limitado para el vermut los siguientes:

a) azúcar semiblanco, azúcar blanco, azúcar blanco refinado, dextrosa, fructosa, jarabe de glucosa, azúcar líquido, azúcar líquido invertido o jarabe de azúcar invertido, de acuerdo con las definiciones de la Directiva 2001/111/CE del Consejo (1);

b) mosto de uva, mosto de uva concentrado y mosto de uva concentrado rectificado, tal como se definen en los puntos 10, 13 y 14 del anexo VII, parte II, del Reglamento (UE) n.º 1308/2013;

c) azúcar caramelizado, que es el producto obtenido exclusivamente del calentamiento controlado de la sacarosa, sin añadir bases, ácidos minerales ni ningún otro aditivo químico;

d) miel, de acuerdo con la definición de la Directiva 2001/110/CE del Consejo (2);

e) jarabe de algarroba;

f) cualesquiera otras sustancias glúcidas naturales que surtan un efecto análogo al de los productos mencionados anteriormente.

En función del método que siga el productor, el azúcar se puede añadir al vino, al agua, al licor o a los tres. Resulta interesante recordar que la mayoría de vermuts se colorean con caramelo, que además de influir en el aspecto del vermut acabado, afecta a su dulzor e incluso a su aroma. La cantidad de azúcar que se usa depende del gusto y, sobre todo, del estilo.

EXTRA SECO	SECO	SEMISECO	SEMIDULCE	DULCE
<30	<50	50-90	90-130	>130
g/L	g/L	g/L	g/L	g/L

EL AJENJO

La primera vez que oí hablar del ajenjo fue como ingrediente de la absenta, el licor cuyo consumo hacía que la realidad desapareciera y que el «hada verde» tomara las riendas.

Por supuesto, esto bastaría para que cualquier barman joven quisiera probarla o, como mínimo, saber más acerca de ella. Así que investigué un poco y descubrí que, de hecho, varios países, como Francia y Estados Unidos, la habían ilegalizado durante años.

Seguí investigando y me encontré con toda suerte de historias estrambóticas acerca de por qué se prohibió, como la de Jean Lanfray, que, tras beber dos copas de absenta, mató a su esposa y a sus hijos. La historia precisa que, además de las dos copas de absenta, Lanfray había consumido también lo siguiente antes de que se desencadenara la tragedia:

1 crema de menta y 1 brandy con el desayuno,
6 copas de vino con el almuerzo,
1 copa de vino entre comidas,
1 carajillo (de brandy) como aperitivo antes de cenar,
1 litro de vino con la cena
y otro carajillo después de la cena (esta vez, de orujo).

Así que, quizás, la absenta no fuera la única culpable.

De todos modos, esta es la historia que precipitó la prohibición de la absenta durante bastante tiempo; de hecho, Estados Unidos mantuvo la prohibición hasta casi la década pasada. Lo cierto es que la absenta no provoca alucinaciones (¡lo siento!). Sin embargo, sí que tiene una graduación alcohólica de aproximadamente el 70 %, lo que explica la conducta insensata de quienes la beben. La elevada graduación de la absenta estimula la segregación de inhibidores GABA, que ralentizan los disparos de las sinapsis; es decir, el cerebro se relaja y se reduce el control motriz.

La *Artemisia absinthium*, o ajenjo, se usa en el vermut, además de en la absenta. De hecho, la legislación europea exige que el vermut contenga al menos una especie del género *Artemisia* para poder llevar ese nombre. Además, la IG de Vermouth de Torino (vermut de Turín) exige que la *A. absinthium* o la *A. pontica* (otra especie de *Artemisia*) proceda de la región italiana del Piamonte. Estados Unidos tiene una idea distinta de qué es vermut y qué no, aunque, dicho esto, su legislación acerca del vermut no menciona el ajenjo, lo que explica por qué algunas marcas americanas producen vermut sin ajenjo. En Australia aún está menos regulado, aunque la mayoría, si no todo, del vermut australiano lleva ajenjo. Me aventuro a predecir que, cuando la industria crezca en Australia, se impondrá una normativa más parecida a la europea.

Además de la obligación legal, hay otros motivos que explican por qué los productores de vermut usan ajenjo en sus bebidas. El primero es el nivel de amargor. Es imposible exagerar la importancia de que los bármanes sepan equilibrar los sabores dulce, ácido y amargo en sus cócteles y, de hecho, es una de las primeras cosas que aprenden a hacer.

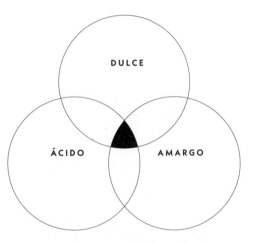

El vino, que es ácido, y el azúcar, que es dulce, constituyen la base del vermut. Para garantizar un sabor armónico hay que añadir un tercer elemento y ese elemento es el ajenjo. Este botánico es perfecto, porque, a diferencia de muchas otras plantas amargas, tiene un perfil aromático extraordinario. Piense en una mezcla de anís suave, menta y salvia, realzados además por el aroma del azahar fresco. El ajenjo no solo equilibra todo lo demás en el vermut, sino que proporciona la base sobre la que se asientan el resto de sabores. El ajenjo en el vermut es como la música en una fiesta: sin ella, el ambiente no es el mismo, mientras que con ella todo parece fluir.

La mejor manera de conseguir ajenjo es salir al campo a buscarlo, pero asegúrese de que lo acompañe alguien que sepa identificar la planta con facilidad.

El género *Artemisia* comprende unas 350 especies distintas, algunas de las cuales se usan con fines medicinales desde hace mucho tiempo. Hacia el 1500 a.C., la *Artemisia* ya se usaba con vino para tratar problemas digestivos. Si avanzamos hasta nuestros días, veremos que se sigue plantando *A. absinthium* cerca de los gallineros, para que las gallinas puedan comer ajenjo si contraen gusanos intestinales. En 2015, la científica china Tu Youyou compartió el Premio Nobel de Fisiología o Medicina por su investigación sobre la artemisinina, un ingrediente clave en los fármacos contra la malaria. En la medicina nativa americana, el estafiate (*A. ludoviciana*) se usa para tratar la faringitis, el abrótano (*A. abrotanum*) para los dolores menstruales y el estragón (*A. dracunculus*) para la ictericia. La lista sigue, aunque mi uso preferido de la *Artemisia* es el del estragón para abrir el apetito.

SALSA BEARNESA

La *A. dracunculus*, o estragón, como la llamamos habitualmente, es el ingrediente principal de la salsa bearnesa, con la que a mí me gusta cubrir generosamente los chuletones a la parrilla. Así es como yo preparo esta medicina.

PARA 2 PERSONAS

100 ml de vermut extra seco (yo uso vermut Maidenii seco)

30 ml de vinagre de manzana

5 g de granos de pimienta, machacados

2 yemas de huevo

100 g de mantequilla con sal, en dados

una pizca de hojas de estragón, troceadas

Mezcle bien el vermut, el vinagre y los granos de pimienta en un cazo pequeño y lleve a ebullición a fuego medio-alto. Reduzca a fuego medio y cueza lentamente durante 5 minutos. Cuele con un colador de malla fina y reserve hasta que el líquido se enfríe por completo.

Añada las yemas de huevo a la mezcla de vermut y bata enérgicamente la mezcla con varillas hasta que quede uniforme. Transfiera la mezcla a un recipiente apto para baño maría y caliéntelo a fuego medio-bajo. Añada la mantequilla en tandas de 10 g y sin dejar de batir con las varillas hasta que la mezcla sea uniforme. Añada el estragón y siga batiendo durante 1 minuto más. Retire la salsa del fuego y sírvala inmediatamente sobre un chuletón a la plancha.

EL AJENJO A OJOS DE UN BOTÁNICO

La *Artemisia* es lo que la mayoría de personas llamarían un «arbusto de margaritas». Las hojas, de un gris verdoso, son aromáticas, aunque no siempre despiden un olor agradable, lo que apunta a la rica farmacopea que ocultan en su interior y que tanto emociona a Shaun y a Gilles. La *A. absinthium*, la opción más popular como aditivo del alcohol, crece de forma natural en suelos pobres del norte de África, Europa y áreas circundantes, pero se tiene por una mala hierba en el resto del mundo. El resto de especies, unas 350 aproximadamente, se hallan fundamentalmente en países del hemisferio norte, aunque también en Sudáfrica y en América del Sur y, en la actualidad, incluso en los parques y jardines australianos. Además de su aportación a las industrias del vermut y de la absenta, los distintos tipos de ajenjo han resultado ser una planta práctica y resistente para los jardines de Australia Meridional, azotados por la sequía. Son tan resistentes que, en ocasiones, saltan muros y cercas: la *A. arborescens*, o ajenjo moruno, se ha extendido firmemente en Nueva Gales del Sur y en Australia Meridional, mientras que la *A. verlotiorum*, o artemisa china, es una invasora ocasional de los arcenes cerca de Melbourne.

La *Artemisia* lleva el nombre de Artemisa II, sátrapa de Caria (parte de la Turquía actual) en el siglo IV a.C., y se le atribuyen múltiples usos. Al parecer, la reina atribuía propiedades facilitadoras de la menstruación a una especie de *Artemisia*, asociada a la diosa griega Artemisa, que reinaba sobre la luna y, por lo tanto, regulaba los ciclos terrestres. Es posible que estas propiedades se debieran a lo que ahora llamamos sesquiterpenos, el principio activo del fármaco contra la malaria más usado en la actualidad. A finales de la dinastía china Han, hacia el año 200 a.C., ya se registró un posible indicio de la supuesta función de esta molécula, en un escrito que sugería que esta especie era útil en el tratamiento de las fiebres intermitentes, uno de los síntomas típicos de la malaria.

— TIM ENTWISLE

GINEBRA DE AJENJO

A Sebastian Raeburn le encanta el ajenjo, por eso lo incluye en la combinación que emplea para elaborar su maravillosa ginebra, Anther. De hecho, muchos de los botánicos que podemos encontrar en la ginebra aparecen también en el vermut. La ginebra es el vermut de las bebidas espirituosas y el vermut es la ginebra de los vinos. Si no puede hacerse con una botella de Anther, no se preocupe: esta receta le garantiza un resultado con fantásticos toques de ajenjo.

1 botella de 700 ml de ginebra seca (Beefeater es una buena opción)

20 g de ajenjo recién troceado

Mezcle la ginebra y el ajenjo en un recipiente grande y hermético, cúbralo y déjelo macerar durante 45 minutos a temperatura ambiente.

Cuele la ginebra con un colador de malla fina sobre una botella o jarra de vidrio esterilizada (p. 78) y deseche el ajenjo.

Combínela y bébala con entusiasmo.

LOS BOTÁNICOS TRADICIONALES

Mi interés por la ginebra fue previo al del vermut, cuando estaba detrás de la barra del Gin Palace de Melbourne, empapándome de tanta información como podía.

Una de las cosas que une a la ginebra y al vermut (además del Martini, claro está) es el uso de botánicos para dar sabor y aromatizar. Al principio, los botánicos en ambos productos se añadían con fines medicinales. En 1269, Jacob van Maerlant escribió en *Der Naturen Bloeme* que una receta que mezclaba agua de lluvia o vino hervidos con bayas de enebro era útil en el tratamiento del dolor de estómago. Muchos (yo entre ellos) creen que este fue el origen de la ginebra. Más adelante, cuando ambas bebidas se empezaron a consumir más por su contenido alcohólico que por sus ingredientes medicinales, los botánicos se empezaron a usar para ocultar el desagradable sabor del alcohol. En el caso del vermut, su vida comenzó de verdad durante la Era Industrial, cuando imperaba el ingenio y la gente empezó a añadir hierbas, azúcar y alcohol al vino que se había avinagrado, para que fuera más agradable al paladar

y alargar así su vida útil. Los ingredientes se obtenían del entorno inmediato, lo que dio lugar a los sabores únicos y característicos, o *terroir*, de los primeros vermuts.

Aunque esto no otorga un pasado glorioso al vermut, sí que explica cómo los ingredientes locales mostraban su sabor. Ahora, los productores de vermut usan botánicos de todos los rincones del mundo. En Maidenii también lo hacemos, pero la base del producto, al menos en mi opinión, debería evocar siempre el lugar de procedencia. Un claro ejemplo de ello son los vermuts tradicionales de Turín y del norte de Italia, cuyas combinaciones de botánicos se componen de ingredientes fácilmente accesibles en la zona, como el ajenjo y el enebro. La disponibilidad histórica de especias más exóticas a través del cercano puerto de Génova también dio a los primeros productores italianos acceso a extravagancias como la vainilla, que es un sabor clave en el vermut Carpano Antica Formula.

Cuando empezamos a producir el vermut Maidenii, generamos una lista de más de 200 plantas autóctonas y tradicionales que queríamos usar. A partir de ahí, las clasificamos en función de las partes de las plantas, porque ofrecen propiedades similares. Esto nos ayudó muchísimo a entender la influencia no solo de los sabores de cada una de las plantas, sino también de cada uno de sus componentes. Confeccionamos una lista de raíces, cortezas, flores, frutos, hojas y semillas y, a partir de ahí, seleccionamos nuestros 34 botánicos supersecretos. Así nacieron las variedades principales del vermut Maidenii.

raíces, cortezas, flores, frutos, hojas y semillas

raíces

El motivo principal por el que usamos raíces en el vermut es añadir un nivel extraordinariamente elevado de amargor.

Por ejemplo, la raíz de la *Gentiana lutea* resulta tan amarga que es detectable diluida en 12.000 partes a una. Es posible que esta sensibilidad tan extrema se deba a la aversión que el paladar humano siente por los sabores amargos. A lo largo de miles de años de evolución, nuestras papilas gustativas han aprendido a reconocer el sabor amargo como un indicador de veneno y se han programado para alertarnos de su presencia. Quizás esto explique por qué necesitó varios intentos para adquirir el gusto por la cerveza o por el Campari. Lo positivo es que, cuando tomamos algo amargo, el cerebro lo identifica como veneno y acelera el metabolismo para ayudar al cuerpo a digerirlo. Por eso, los aperitivos y los digestivos de después de comer suelen contener algo amargo. Para obtener un vermut agradable al paladar, debemos encontrar un equilibrio entre los ingredientes básicos dulces y ácidos y el amargor de las raíces para obtener una tríada perfecta.

PREPARACIÓN HABITUAL DE LA GENCIANA

Esta receta es muy antigua y ofrece una sencilla preparación líquida para tratar las afecciones de estómago. Procede de la obra de 1791 *Experimental History of the Materia Medica* (Historia experimental de la materia médica), de William Lewis.

PARA 425 ML

28 g de raíz de genciana
28 g de ralladura de limón fresca
16 g de ralladura de naranja seca

Vierta 425 ml de agua en un cazo y llévela a ebullición a fuego medio-alto. Añada la raíz de genciana y las ralladuras de limón y de naranja, reduzca a fuego medio-bajo y cueza lentamente durante 1 hora, para infusionar.

Cuele el agua con un colador de malla fina y viértala en una jarra o botella de vidrio esterilizada (p. 78). Se conservará en el frigorífico durante 2 semanas.

GENCIANA <small>(GENTIANA LUTEA, G. SCABRA)</small>

Amarga, amarga y requeteamarga, pero fantástica. La genciana es una flor alpina nativa del centro y del sur de Europa cuya extremadamente amarga raíz se cosecha y se seca para su uso en una amplia variedad de alcoholes. Se utiliza en la producción de licores de genciana divinos, como el *bíter* suizo Suze o el aperitivo francés Salers, además de *americanos*, un subapartado en la clasificación de vinos aromatizados. Del mismo modo, la mayoría de *bíters* para cócteles que se pueden encontrar contienen raíz de genciana. Como es el agente amargante de referencia, la genciana se usa desde antaño para tratar problemas estomacales. En mi experiencia, tomar una pequeña dosis (10 ml) de *bíter* después de una comida copiosa es una de las maneras más efectivas de facilitar la digestión.

ANGÉLICA <small>(ANGELICA ARCHANGELICA)</small>

La angélica, o «hierba del Espíritu Santo», debe ambos nombres a sus propiedades medicinales. Junto a las zanahorias, el perejil y el apio, pertenece a la familia de las *Apiaceae*, que, muy adecuadamente, antes recibía el nombre de *Umbelliferae*, por la disposición en paraguas de sus flores diminutas. Recuerdo la angélica durante mi época en Londres, donde crece silvestre junto al río Támesis desde, como mínimo, finales del siglo XIX (y, cultivada deliberadamente en los Kew Gardens desde 1768). El herborista John Gerard advirtió en 1633: «La raíz es útil contra la brujería y los hechizos, si el hombre la lleva encima». Su prima salvaje en Londres, *Angelica sylvestris*, puede alcanzar los 2,5 m en floración, pero ha sido desalojada de la mayoría de las riberas urbanas.

LIRIO BLANCO <small>(IRIS FLORENTINA)</small>

Es uno de los botánicos preferidos de Gilles. Debería ver cómo merodea a nuestro alrededor cuando preparamos la tintura. Cuando se usa en la producción de alcohol, la raíz seca del lirio blanco, conocida como raíz de orris, se usa como fijador, porque mantiene unidos los aceites y el agua en la mezcla de botánicos y vino. También se usa ampliamente en la industria de la producción de ginebra, junto a la raíz de angélica, que tiene propiedades fijadoras parecidas. Su nombre en latín es el de la diosa griega del arcoíris y se cree que sus pétalos internos representan la fe, la sabiduría y el valor. La historia es absolutamente romántica y, por si eso no fuera suficiente, es una planta bellísima con más de 300 especies, la mayoría de las cuales son fáciles de cultivar.

cortezas

Las cortezas actúan de un modo muy parecido a las raíces y aportan notas amargas al vermut.

Además, son increíblemente aromáticas. Muchas cortezas tienen propiedades antisépticas, así que la próxima vez que se corte, pase de la crema antiséptica y prepárese un vermut.

MACERADO DE CANELA

Este macerado se parece mucho al *rub* jamaicano, pero tiene más canela y, además, se ha añadido un poco de café a la mezcla. Está buenísimo frotado sobre cualquier tipo de carne, pero es excelente con pollo y cerdo.

PARA 80 G

50 g de azúcar moreno fino

10 g de canela molida

10 g de granos de café recién molidos

5 g de chile en copos

5 g de clavo molido

Ponga todos los ingredientes en un cuenco y mezcle bien.

Frote la carne de su elección con la mezcla de especies y déjela macerar durante 30 minutos antes de hacerla a la plancha sobre la llama de una barbacoa.

CANELA (CINNAMOMUM VERUM, C. CASSIA)

Con el objetivo de satisfacer la enorme demanda europea de esta especia y sabiendo que este género tropical y subtropical tendría dificultades para sobrevivir en el Mediterráneo, España sembró plantaciones enormes de *Cinnamomum* en Centroamérica: casi medio millón de árboles en total. En la actualidad, son dos las especies que se suelen plantar por su corteza aromática: *Cinnamomum cassia*, que produce la corteza de cassia, y *Cinnamomum verum*, la «verdadera canela». Aunque la corteza de cassia conserva mejor el sabor durante la cocción, es más amarga y su sabor no es tan bueno como el de la canela verdadera. En Australia, la canela más conocida es la *Cinnamomum camphora*, o alcanforero, un árbol popular en las calles de Melbourne y una mala hierba denostada en el norte de Australia. De su corteza y de su madera se puede destilar aceite de alcanfor, que también se puede inhalar directamente cuando el árbol está recién podado.

QUINO (CINCHONA CALISAYA, C. SUCCIRUBRA)

La corteza de quino se obtiene de varias especies de *Cinchona*, la célebre planta de la que se obtiene la quinina para combatir la malaria y cuya influencia en el mundo de la medicina se ha comparado con la de la pólvora en el de la guerra. Los vinos aromatizados de la subsección «vinos de quina» deben contener esta corteza para ser clasificados como tales. El quino también es el botánico principal en la tónica que, si lo pensamos bien, viene a ser el vermut del mundo de los refrescos. Mi historia preferida acerca del quino tiene que ser la del descubrimiento de sus propiedades contra la malaria. Se dice que la condesa de Chinchón contrajo malaria en Perú y que los nativos la convencieron para que se bañara en un estanque cuya agua era muy amarga debido a la proximidad de los quinos. Se bañó y se curó. ¡Aleluya! Los historiadores han desmentido esta historia, pero uno nunca debe dejar que la verdad se interponga en el camino de una buena historia.

CORCHO (QUERCUS SUBER)

El corcho, o *suber* en latín, forma parte de la familia de los *Quercus* (robles). Este árbol perenne de tamaño medio es nativo del suroeste de Europa y del noroeste de África y tiene una copa muy extensa. Crece en áreas de bosque abierto con inviernos fríos y húmedos y veranos cálidos y secos, normalmente en los suelos ácidos de colinas y pendientes suaves. El National Arboretum de Canberra (Australia) cuenta con una plantación que se remonta a aproximadamente 1920. Han sobrevivido unos 2.600 árboles de la plantación original y muchos se han talado para usar el corcho en diseño de interiores, calzado e insonorización... pero no en corchos de vino. La mayoría de la producción de corcho para botellas de vino se concentra en Portugal, España y la costa Mediterránea. A pesar de que no se usa directamente como botánico ni como aromatizante, hemos incluido el corcho aquí, porque desempeña un papel fundamental en el embotellado del vermut.

flores

Las flores tienen muchas partes aprovechables. Por ejemplo, los pétalos de rosa se pueden usar en productos de cosmética y en la cocina, mientras que el azafrán, el llamativo estigma del *Crocus sativus*, es una especia muy apreciada.

Independientemente de la parte de la planta de la que procedan, el aroma de estos botánicos hará que le parezca que está paseando por un jardín en una cálida noche de verano. Un vermut sin flores es como un plato sin sal. Es potable, sí, pero terriblemente soso.

MANZANILLA DE MANZANILLA

O fino de manzanilla. Lo llame como lo llame, es delicioso. Bébalo solo y muy frío como aperitivo o, para los más aventureros, añada media medida a un gin tonic.

PARA 405 ML

1 botella de 375 ml de fino, frío
4 cucharadas de flores de manzanilla secas
30 ml de sirope de azúcar 2:1 (p. 77)

Mezcle bien todos los ingredientes en un cuenco y deje macerar durante 30 minutos. Remueva de vez en cuando.

Cuele el jerez en una jarra con un colador de malla fina y deseche las flores. Vierta el jerez infusionado en una botella o tarro de vidrio esterilizado (p. 78) y guárdelo en el refrigerador. Se conservará durante 2 semanas.

CAMOMILA (CHAMAEMELUM NOBILE)

Solo tiene que añadir un poco de agua caliente para obtener una libación deliciosa que lo ayudará a conciliar el sueño. La camomila es un botánico de una complejidad maravillosa, donde resaltan la delicadeza de los aromas florales, las notas de manzana y un suave sabor terrestre. En España también se la llama manzanilla, lo que resulta curioso si pensamos que también se conoce como manzanilla al vino generoso que se produce en el sur del país. La coincidencia es fantástica, porque ambos saben muy bien cuando se combinan con un aperitivo. La camomila también es un botánico clave en la ginebra Tanqueray No. 10.

CLAVO (SYZYGIUM AROMATICUM)

El clavo es la flor de seis meses de edad de una familiar lejana de la «manzana del mono» neozelandesa. El nombre del género alude a que las hojas están dispuestas de forma opuesta sobre el tallo y el nombre de la especie destaca su aroma exótico. Precisamente fue ese aroma lo que convirtió al clavo en un gran negocio en el siglo XV y ayudó a organizaciones comerciales como la Compañía Neerlandesa de las Indias Orientales a ganar grandes fortunas. Los capullos secos de las flores se usaban como especia, como conservante de alimentos y como medicina.

AZAFRÁN (CROCUS SATIVUS)

Es célebre por ser la especia más cara del mundo y hacen falta 150.000 plantas y 400 horas de trabajo para obtener un mero kilogramo. Esto se explica porque el azafrán se prepara con los tres diminutos estigmas que crecen en el interior de la flor. El azafrán tiene múltiples usos, desde la medicina tradicional china hasta colorante alimentario o ingrediente en cocinas de todo el mundo. La bullabesa francesa y la paella valenciana necesitan azafrán y usan pequeñas cantidades del mismo con un efecto espectacular. En el mundo del licor, el fernet Branca usa una gran cantidad de azafrán para conseguir su famoso color naranja.

frutos

En el mundo de la botánica, los frutos y las frutas son mucho más que un tentempié a la hora del patio.

Hacen que el vermut sepa dulce incluso sin añadir azúcar. Por ejemplo, aunque se dice que la vainilla tiene un aroma dulce, en bruto es cualquier cosa menos eso.

SORBETE DE CÍTRICOS

Gran producto parecido a un cordial que es muy versátil y se puede usar tanto en cócteles como para formar la base de la mejor limonada casera del mundo. Puede empezar preparando un *oleo-saccharum*, o aceite de azúcar, y disolverlo en el jugo exprimido de la fruta. Aunque se puede elaborar con cualquier cítrico, mi preferido para este sorbete es el pomelo rojo, que se usa para preparar el Squeeze Americano (p. 138).

PARA 1 - 1,2 LITROS

6 pomelos rojos o cualquier otro cítrico de su elección

azúcar caster (extrafino), para edulcorar

Ralle la piel de las frutas sobre un cuenco y reserve las ralladuras. Corte la fruta por la mitad, exprímala y vierta el jugo en una jarra. Añada a las ralladuras 1 g de azúcar por cada 1 ml de jugo obtenido. Deje el cuenco en un lugar templado durante 3 horas, para que macere.

Añada el jugo a las ralladuras con el azúcar y remueva bien para disolver el azúcar. Cuele la mezcla con un colador fino sobre una jarra o botella de vidrio esterilizada (p. 78), ciérrela bien y guárdela en el frigorífico. Se conservará hasta 1 semana.

Si le apetece una deliciosa limonada cítrica, mezcle 1 parte del sorbete con 3 partes de agua carbonatada o de agua con gas. También puede usar el sorbete como ingrediente para cócteles.

CÍTRICOS (CITRUS AURANTIUM, C. LIMON, C. RETICULATA)

Dada la gran variedad de cítricos disponible en la actualidad, resulta asombroso pensar que se cree que todos ellos se desarrollaron a partir de tan solo tres variedades originales. O cinco, dependiendo del botánico con el que uno hable. Distintas variedades de cítricos funcionan bien con distintos tipos de bebida. Es posible que las combinaciones más famosas de cítricos y alcohol sean el limoncello, el licor de limón italiano, y los distintos licores de naranja, como el Cointreau o el Grand Marnier. Las naranjas amargas son importantísimas en muchos vermuts, al igual que el limón. Las naranjas sanguinas se usan en licores como el Solerno y el Amaro, la lima es un elemento clave en el falernum, un sirope para cócteles, y el pomelo ha encontrado su lugar en ginebras como Melbourne Gin Company o Tanqueray No. 10. Si vamos más lejos, el yuzu se mezcla con sake para elaborar la dulce bebida japonesa llamada *yuzushu*. La lista de combinaciones de cítricos y alcohol es muy larga y demuestra lo importantes que son estas frutas en el mundo del licor.

VAINILLA (VANILLA PLANIFOLIA)

La especia más cara del mundo después del azafrán debe su elevado precio, en parte, a lo prolongado de su proceso de producción. Solo cuenta con dos polinizadores naturales: las abejas del género *Eulaema* y los colibríes. Y el índice de éxito de ambos es muy reducido. Por eso, la polinización se ha de hacer manualmente y en una ventana temporal muy estrecha (unas 12 horas) durante la fase de floración. La fruta tarda hasta nueve meses en madurar, momento en el cual se cosecha y se somete a un proceso de fermentación y de secado que se puede prolongar hasta seis meses más. Todo este esfuerzo se refleja en el precio y no es raro ver vainilla con precios que superan los 600 euros el kilo. Carpano Antica Formula usa una cantidad significativa de vainilla, que aporta al vermut una calidez y una profundidad maravillosas, además de dulzor.

ENEBRO (JUNIPERUS COMMUNIS)

El enebro es una conífera que crece en toda Europa y el ingrediente principal de toda una categoría de bebidas: la ginebra. Suele ser silvestre y es un árbol de crecimiento lento con una baya de maduración igualmente lenta y parecida a una piña pequeña. Es muy aromática y sabrosa, además de ideal para la destilación o la maceración, debido a su elevado contenido en alfa-pineno y mirceno. Los aromas y los sabores pueden variar desde la ligera aguja de pino con notas de tomillo hasta el resinoso aceite de pino con notas de romero. Esta variación depende, en gran medida, del trato que el enebro reciba por parte de los destiladores y explica también la enorme variedad de estilos de ginebra.

hojas

Las hojas son un elemento importante de todas las plantas.

Mediante el proceso de la fotosíntesis, aprovechan la energía del sol para producir alimento para la planta. Dejando la ciencia a un lado, las hojas de las plantas pueden ser increíblemente ásperas y «verdes» de sabor, lo que añade una capa adicional de frescura a las recetas.

TINTURA MEDITERRÁNEA

Una tintura consiste en la extracción alcohólica del sabor de plantas, en este caso, de cuatro que se usan tradicionalmente en la cocina mediterránea: romero, tomillo, perejil y salvia. Esta extracción líquida se puede añadir al Bloody Mary, al gin tonic e incluso al Martini. También es un ingrediente fantástico en salsas, aliños y aceites de oliva aromatizados.

PARA 100 ML

5 g de hojas de romero fresco, troceadas

5 g de hojas de salvia fresca, troceadas

5 g de hojas de tomillo fresco, troceadas

5 g de hojas de perejil seco, troceadas

1 botella de 100 ml de alcohol rectificado (95% graduación alcohólica)

Mezcle todos los ingredientes en un recipiente hermético y déjelo en un lugar oscuro y fresco durante 2 días, para que macere. Cuele el líquido con un colador de malla fina sobre una jarra o botella de vidrio esterilizada (p. 78) y guárdelo en el frigorífico. Se conservará hasta 2 meses.

Use la tintura para dar un toque mediterráneo a sus bebidas, pero recuerde que es muy potente y que solo necesita añadir una pequeña cantidad para obtener un gran efecto.

TOMILLO COMÚN (THYMUS VULGARIS)

El tomillo pertenece a la misma familia que la menta (*Lamiaceae*), junto con sus compañeros de cazuela: la salvia y el romero (no así el perejil). En esta familia también encontrará a la menta nativa australiana, *Prostanthera rotundifolia*, que algunos vermuts locales usan como aromatizante. Puede elegir entre varias especies y muchas variedades de tomillo para dar sabor a la comida y a la bebida. El *Thymus vulgaris*, como la mayoría de especies, es nativo de la región mediterránea y las zonas próximas, pero el género se extiende hasta Groenlandia y Asia. Casi todas las variedades son arbustos pequeños de tallos retorcidos y hojas aromáticas, que alcanzan su máxima intensidad justo antes de la floración.

ROMERO COMÚN (ROSMARINUS OFFICINALIS)

El romero es, probablemente, la más conocida de todas las hierbas aromáticas. Es maravilloso en la comida y muy fácil de cultivar en el jardín. También tiene propiedades medicinales y ayuda en el tratamiento de la mala circulación, las migrañas, la depresión, el agotamiento, la ansiedad, el dolor menstrual y la pérdida del apetito. Externamente, se puede usar para tratar afecciones que van desde la artritis y los cortes hasta la caspa e incluso la caída del cabello. Al final, resulta que el romero común es de todo menos común: en mi humilde opinión, es más bien una superestrella.

SALVIA COMÚN (SALVIA OFFICINALIS)

La historia de esta planta no es en absoluto común. El nombre del género procede del latín *salvere*, que significa 'estar bien'. A lo largo de la historia, se ha usado para alejar al mal, combatir la peste negra, alargar la vida y mejorar la fertilidad. Se sabe también que la salvia se ha usado, en grandes dosis, como droga recreativa. Contiene aceite de alcanfor, que es tujona (un compuesto supuestamente alucinógeno) en un 50%. El ajenjo también contiene tujona, a la que la absenta debe su mala reputación.

semillas

El motivo por el que usamos semillas en la producción del vermut es muy sencillo: su sabor especiado.

Aportan una característica cálida y atractiva que suele recordarme al vino caliente especiado y al pastel de manzana. Es habitual secar las semillas para intensificar su sabor, por lo que, en general, muy poca cantidad da para mucho.

INFUSIÓN DE COMINO, CILANTRO E HINOJO

Se dice que esta infusión promueve la pérdida de peso, porque estimula la digestión, lo que suena fenomenal. El único problema es que no está demasiado buena. Sin embargo, si añadimos sirope de arce (que probablemente anula todas las propiedades saludables de la bebida), pasa a ser deliciosa. Disfrute de una taza durante las frías tardes de invierno después de almorzar.

PARA 1 PERSONA

½ cucharadita de semillas de comino
1 cucharadita de semillas de hinojo
1 cucharadita de semilla de cilantro
15 ml de sirope de arce

Hierva 200 ml de agua, añada todos los ingredientes y déjelos infusionar durante 5 minutos. Cuele la bebida con un colador de malla muy fina y bébala.

CILANTRO (CORIANDRUM SATIVUM)

En el vermut se usan las semillas, no las hojas, del cilantro, por lo que podemos descartar a las segundas en esta explicación. También podemos dejar a un lado que, por lo general, las personas adoran o detestan el sabor de las hojas: el nombre del género procede del griego *coris*, 'bichos', en alusión al olor de la planta majada. Paradójicamente, uno de los compuestos químicos del cilantro actúa como «agente devoraolores» y funciona en concentraciones de 10 partes por mil millones (unas 10 gotas por piscina olímpica) para neutralizar comidas con olores fuertes. Afortunadamente, las semillas o, para ser más precisos, los frutos secos, y las flores tienen un principio activo distinto. Una de las maneras más interesantes en que el cilantro actúa como botánico cuando interactúa con el alcohol es que otorga una intensa percepción de sabor cítrico. Cuando se destila o se macera, el cilantro adquiere características de un limón especiado y casi picante, por lo que confiere unas maravillosas notas cítricas al vermut y a la ginebra. Solo hay dos especies de *Coriandrum* y, al parecer, la ampliamente cultivada *Coriandrum sativum* procede del Mediterráneo oriental y del suroeste asiático.

NUEZ MOSCADA (MYRISTICA FRAGRANS)

Lo crea o no, la nuez moscada puede ser muy tóxica. De hecho, se han dado casos de intoxicación por nuez moscada en personas que han consumido demasiada: dos cucharaditas. El motivo por el que nos excedemos en su consumo es que contiene un ingrediente activo, llamado miristicina, que al parecer tiene propiedades psicoactivas. Sin embargo, los médicos afirman que las personas con sobredosis de nuez moscada experimentan más dolores de estómago que experiencias extracorporales. La nuez moscada rallada era tradicional en los ponches; tanto, que en el siglo XVII se pusieron de moda unas exquisitas cajitas para rallar nuez moscada: un artículo indispensable para los aficionados a los ponches.

CARDAMOMO (ELETTARIA CARDAMOMUM)

En la comida y en la bebida se suelen usar dos tipos habituales de cardamomo: el verde y el negro. El verde es más frecuente y está muy vinculado a la cocina india, a cuyos platos aporta un sabor aromático y resinoso. El cardamomo negro es algo más ahumado. La variedad verde se usa con frecuencia en la producción de ginebra y tiene la capacidad, parecida a la de la vainilla, de dar sensación de dulzor sin necesidad de añadir azúcar, además de intensificar la cualidad aromática del alcohol. Marida extraordinariamente bien con los cítricos, cuyos sabores acentúa.

LOS BOTÁNICOS ORIGINARIOS DE AUSTRALIA

Australia, el país afortunado, lo es realmente en lo que se refiere a contar con vegetación única, gracias sobre todo a su aislamiento geográfico, que ha permitido que las plantas evolucionen sin interferencias.

A pesar de que todavía sabemos muy poco acerca de nuestras plantas originarias en comparación con otros países, lo cierto es que el uso de ingredientes de proximidad está muy de moda en los restaurantes de lujo australianos y la tendencia está llegando, poco a poco, a los establecimientos más generalistas. La demanda de estos ingredientes, popularizados por el restaurante Attica en Melbourne, y otros fenómenos gastronómicos de alto perfil, como el Noma, ha llegado a superar a la oferta. En Maidenii usamos botánicos originarios de Australia en nuestro vermut, porque ayudan a evocar una sensación geográfica. Además, hay algunos sabores extraordinarios que son marcadamente australianos.

de la
tierra de las
contrariedades

ACACIA

(ACACIA SENSU LATO)

Las acacias australianas son especies de *Acacia* o, más raramente y sobre todo en el sur, de *Senegalia* o *Vachellia*. Aunque las semillas de la mayoría de las más de 1.000 especies de acacia australiana son comestibles, hay algunas que son tóxicas, por lo que tendemos a ceñirnos a las que sabemos que son seguras, como la *A. mearnsii* o la *A. melanoxylon*. La mayoría de las 1.500 especies de acacias del mundo son australianas, aunque en África, los árboles espinosos que ahora se llaman *Vachellia* (y antaño eran parte de un concepto de *Acacia* más amplio) dominan vastas áreas de paisaje en el continente. Las acacias, ya estén en África, en Asia, en América del Sur o en Australia, tienen o bien foliolos dispuestos en dos filas, como una pluma o un helecho, o bien una lámina plana que, más que una hoja es un pecíolo ensanchado (estas plantas pueden tener hojas parecidas a plumas cuando son muy jóvenes).

Usamos las semillas tostadas de nuestro emblema floral en nuestra variedad principal de vermuts. De hecho, me atrevería a decir que somos los campeones de este botánico. Una vez tostadas, las semillas liberan aromas de cacao y de café, con un claro matiz de nuez. Son espectaculares en la ginebra y suavizan la textura en el destilado final. Las ginebras West Wind e Ironbark también usan este botánico único. En muchas recetas de comida y de bebida se puede usar la semilla de acacia como sustituto del café molido y, de hecho, es un maravilloso sustituto del café en las bebidas sin cafeína. Uno de los mejores platos con semillas de acacia que he tenido el placer de probar es una crema inglesa infusionada con estas semillas y vertida sobre plátanos caramelizados que Nick Tesar me preparó durante una sesión de cata de cócteles hace ya unos años.

SIROPE DE SEMILLAS DE ACACIA

Este sirope se puede usar prácticamente para cualquier cosa: para especiar el café, sobre una bola de helado o en cócteles como sustituto del licor de café. De hecho, es excelente en el Espresso Martini.

PARA UNOS 400 ML

50 g de semillas de acacia tostadas
250 g de azúcar caster (extrafino)

Añada las semillas de acacia a un cazo con 500 ml de agua y caliente a fuego medio. Cueza lentamente durante 15 minutos y cuele el agua con un colador de malla fina sobre un cazo limpio. Añada el azúcar y remueva hasta que se haya disuelto del todo y, entonces, pase el sirope de semillas de acacia a una jarra o botella de vidrio esterilizada (p. 78). Ciérrela bien y guarde el sirope en el frigorífico. Se conservará durante 1 semana.

PEREJIL DE MAR

(APIUM PROSTRATUM)

Sí, es perejil o, al menos, algo parecido. Botánicamente, lo llamamos *A. prostratum*, una especie de planta bastante baja que crece en Australia Meridional y que es una de las tres especies del género que ofrece a los australianos apio y apio nabo. Como ya habrá adivinado, crece sobre todo junto al mar, sobre dunas de arena y en las caras de los acantilados. Hay un par de «subespecies» y de variedades, pero no hay gran diferencia, a excepción del tamaño de las hojas. Junto a la angélica (p. 49), pertenece a la mayoritariamente comestible familia de las *Apiaceae*; sin embargo, tenga cuidado con la cicuta (*Conium maculatum*) y otros miembros de la familia, muy tóxicos. No debe confundirse con el hinojo o perejil marino (*Crithmum maritimum*), especie europea también comestible.

También se lo conoce como «apio de mar» y es excepcional en sopas, a las que otorga las características tanto del apio como del perejil. Nosotros lo usamos en su forma seca en nuestras variedades de vermut principales, porque le aporta un aroma a tierra que casi recuerda a la hoja de tabaco. West Winds también lo usa en su ginebra Broadside, a la que añaden sal marina con un resultado espectacular. Sirva esta ginebra en un gin tonic con un toque de fino.

GIN TONIC CON BROADSIDE

Este gin tonic es más contundente que la mayoría y el chorrito de fino contribuye a realzar las notas saladas del perejil de mar. Sugeriría una manzanilla, que es algo más salada que el fino normal, y no hace falta añadir demasiado: aproximadamente una tercera parte de la cantidad de ginebra que use normalmente.

PARA 1 PERSONA

30 ml de ginebra Broadside de West Winds
10 ml de fino
90 ml de tónica
cubitos de hielo
perejil de mar o piel de limón, para la guarnición (opcional)

Vierta todos los ingredientes, excepto el perejil de mar, en un vaso alto. Añada el perejil de mar o la piel de limón como guarnición, si lo desea.

EUCALIPTO FRESA

(EUCALYPTUS OLIDA)

El eucalipto fresa es un árbol de tamaño mediano (con una altura de unos 20 m) que crece sobre todo en Nueva Gales del Sur. Sus hojas, largas y aromáticas, despiden un intenso aroma y sabor a bayas, con trazas de eucalipto. Los indígenas australianos lo usaban por sus propiedades medicinales: mascaban las hojas por su sabor único a baya y ponían ramas húmedas al fuego para generar vapor y liberar los aromas, que creían que ayudaban a combatir las náuseas. La confitería, la pastelería y la cosmética han encontrado usos para las hojas del eucalipto fresa, que ahora también emplean con frecuencia los chefs y las destilerías australianos.

El eucalipto fresa es uno de nuestros botánicos preferidos y lo usamos con generosidad para producir nuestro vermut dulce. El componente de la fresa procede de una sustancia química llamada cinamato de metilo, que también se encuentra en las fresas. Además de nosotros, Poor Tom también lo usa ampliamente en su ginebra, al igual que Brocken Spectre en la suya. Una manera muy sencilla de disfrutar de este botánico en una amplia variedad de postres es preparar azúcar glas de eucalipto fresa, que luego se puede usar como sustituto en cualquier receta que requiera azúcar glas y a la que queramos añadir la chispa de su sabor.

AZÚCAR GLAS DE EUCALIPTO FRESA

Los azúcares aromatizados son una manera fantástica de dar el toque final a postres y tartas, y este ofrece una chispa marcadamente australiana.

PARA 100 G

100 g de azúcar glas

5 g de hojas de eucalipto fresa secas

Mezcle el azúcar y las hojas de eucalipto fresa en un recipiente hermético y déjelo en un lugar oscuro y fresco durante 2 días. Tamice el azúcar, páselo a un recipiente hermético limpio y deseche las hojas de eucalipto fresa. Cierre bien el recipiente y guárdelo a temperatura ambiente. Se conservará durante 2 meses.

MENTA DE RÍO

(MENTHA AUSTRALIS)

Esta planta trepadora crece cerca de las orillas de los ríos o en cualquier entorno húmedo del sureste de Australia. Tiene una bella flor de color malva y es muy popular como planta cubresuelos en los jardines australianos. Las hojas, pequeñas y delicadas, tienen un intenso sabor y aroma a hierbabuena y los primeros colonos las usaron ampliamente por sus cualidades herbales y para dar sabor al asado de cordero. Además de como condimento, los aborígenes australianos han empleado durante siglos las hojas fragantes de esta planta en su medicina tradicional para tratar afecciones que van desde la tos y los resfriados hasta los dolores de estómago.

La menta de río tiene un sabor y un aroma muy parecidos a los de la hierbabuena, aunque no tan intensos. La usamos en nuestro vermut para añadir frescor a la mezcla y como contrapunto de las notas más especiadas. Archie Rose y Botanic Australia también la usan en sus ginebras.

MOJITO AMERICANO

En esta receta, inspirada en la clásica bebida con base de ron, he cambiado el ron por Cocchi Americano. No se apure si no puede obtener menta de río, con hierbabuena quedará igualmente delicioso.

PARA 1 PERSONA

60 ml de Cocchi Americano

20 ml de zumo de lima

5 ml de sirope de azúcar 2:1 (p. 77)

cubitos de hielo

un puñado de menta de río, y un poco más para adornar

Vierta todos los ingredientes en un vaso largo con hielo. Añada un poco más de menta de río para adornar.

EUCALIPTO LIMÓN

(CORYMBIA CITRIODORA)

Este árbol es muy alto y crece en el clima templado y tropical del noreste de Australia, donde puede alcanzar más de 35 m de altura. También recibe el nombre de eucalipto olor de limón y eucalipto moteado, y se suele cultivar tanto para obtener madera estructural como por el maravilloso olor a limón que despiden sus hojas. El aceite esencial que se obtiene a partir de las mismas es ideal para perfumes y es cada vez más popular en la industria de la alimentación australiana. Hace siglos que los aborígenes usan el eucalipto limón como repelente de insectos: aplastan las hojas y liberan así sus potentes aromas.

Es un botánico muy interesante que, como probablemente haya deducido a partir de su nombre común, aporta aromas de eucalipto y de limón. El productor de ginebra australiana Anther lo usa para dar una nota única de frescor a su combinación de botánicos, y nosotros hacemos lo mismo con nuestro vino de quina. Es excelente como cordial y también es la bebida perfecta para los calurosos días de verano si se mezcla con agua con gas y mucho hielo.

CORDIAL DE EUCALIPTO LIMÓN

Con este cordial podrá preparar un spritz excelente para el verano, pero también un fantástico Hot Toddy de ginebra. Solo tiene que mezclar una parte de cordial con otra de ginebra Anther, cuatro partes de agua caliente y añadir una rodaja de limón. Es maravilloso en las frías tardes de otoño.

PARA 650 ML

650 ml de azúcar caster (extrafino)

20 g de hojas de eucalipto limón frescas

10 g de ácido cítrico

Añada todos los ingredientes en un cazo con 650 ml de agua y lleve a ebullición a fuego medio-alto. Reduzca a fuego medio y cueza lentamente durante 30 minutos. Retire del fuego y deje enfriar.

Pase el cordial por un colador de malla fina sobre una jarra o botella de vidrio esterilizada (p. 78) y consérvela en el frigorífico hasta 2 semanas.

DAVIDSONIA

(DAVIDSONIA)

Hay varias especies de este árbol de frutos ácidos comestibles que crece en las áreas subtropicales y tropicales de Australia, desde el norte de Nueva Gales del Sur hasta Queensland. El fruto crece en grandes grupos sobre el tronco del árbol y se parece a la ciruela inglesa, a pesar de que no tienen relación. Es una fuente excelente de potasio, luteína (para la salud ocular), vitamina E, ácido fólico, zinc, magnesio y calcio. Debido a su intenso sabor ácido, es mejor usar la fruta en la cocina y en destilados en lugar de comerla fresca.

Supe de la davidsonia cuando trabajaba en el Gin Palace y me pareció que podría ser un sustituto excelente de las endrinas en la ginebra. Preparamos una y salió bastante buena. Unos años después, un amigo mío, Eddie Brook, dio un paso más y elaboró un producto asombroso macerando davidsonias en su ginebra Brookie's, de Byron Bay. Nosotros también usamos davidsonias en nuestro Maidenii Nocturne, que combina los cálidos sabores del fruto y su elevada acidez, para equilibrar el sabor dulce.

CHOCOLATE A LA TAZA CON ALCOHOL

Esta es otra receta perfecta para los meses más fríos y recomendaría disfrutar de esta bebida caliente al aire libre, junto al fuego y con malvaviscos tostados.

PARA 1 PERSONA

Prepare chocolate a la taza siguiendo su receta preferida y añada una pequeña (o gran) cantidad de ginebra Slow de Brookie's. Una bebida tan sencilla como deliciosa.

LIMA DEDO

(CITRUS AUSTRALASICA)

La mayoría de personas se sorprenden cuando descubren que aproximadamente la mitad de las 25 especies de *Citrus* que hay en el mundo proceden de Australia, Papúa Nueva Guinea o Nueva Caledonia. Esto incluye a la lima dedo, o *Citrus australasica*, que es el progenitor de muchas de las nuevas variedades cultivadas por la CSIRO (Commonwealth Scientific and Industrial Research Organisation) y otros. Un ejemplo de ello es la lima sanguina australiana, un híbrido entre una variedad de lima dedo de fruto rojo y una lima Rangpur que, a su vez, es un híbrido entre una mandarina y un limón y que probablemente se injertó sobre un naranjo espinoso, o *Citrus trifoliata*, procedente de China. Otra variedad popular es la lima Australian Sunrise, un cruce entre una variedad de lima dedo (no roja) y un calamondín, que es una mandarina cruzada con un kumquat. Y un ya largo etcétera al que, seguro, se añadirán muchas más variedades.

Mi primera experiencia usando limas dedo en una bebida fue con la ginebra Four Pillars en el Gin Palace. Los productores de ginebra querían desarrollar su ginebra Navy Strength y nosotros éramos el bar de prueba y de *feedback*. Al principio, Navy Strength empezó siendo su ginebra de siempre con mayor graduación, pero a lo largo del periodo de prueba fueron añadiendo nuevos botánicos y la lima dedo empezó a adquirir mayor protagonismo. Las limas dedo son perfectas para destilar y funcionan muy bien con el enebro, que es el botánico predominante en muchas de ellas. (Recuerde: si no tiene enebro, no es ginebra.) La combinación resultó fantástica, con notas cítricas y toques de anís. Por ese mismo motivo usamos lima dedo en nuestro vino de quina: eleva y sostiene algunos de los botánicos más especiados. Hay algo que no puede dejar de probar: untar el borde de una copa de cóctel con «caviar» de lima dedo y servir un margarita. ¡Delicioso!

OSTRAS CON LIMA DEDO

Es una de mis maneras preferida de disfrutar de las ostras.

Desbulle tantas ostras como quiera y exprima «caviar» de lima dedo encima. La receta acaba aquí. Lo único que necesita es tener un buen vermut seco con el que acompañar las ostras.

CLAVO LILLI

(SYZYGIUM LUEHMANNII)

Ferdinand von Mueller describió el *Syzygium luehmannii* en 1833 a partir de un espécimen recogido para él en el pico más elevado de Queensland, Mount Bartle Frere. Es una lilly-pilly de hojas pequeñas con un fruto de color rojo encendido y que sabe a nuez moscada, laurel y clavo. Por eso se la conoce como clavo lilli. Mueller la clasificó como una *Eugenia* y así permaneció hasta 1962, cuando el entonces director del Real Jardín Botánico de Sídney, Lawrie Johnson, la incluyó entre las *Sygyzium* durante una importante revisión de las lilly-pillies. Hay muchas otras que también ofrecen frutos sabrosos y de colores llamativos que pueden añadir complejidad al vermut. Busque en los géneros *Eugenia*, *Acmena* y, por supuesto, *Sygyzium*.

Se trata de un botánico de sabor potente y con características sorprendentemente especiadas a pesar de su aspecto: despide los contundentes aromas del clavo y del anís. En Australia, Økar Amaro es muy conocido por usar clavos lilli para dar a su producto su característico color rojo y gran parte de su sabor. La ginebra Story también usa una cantidad significativa de esta planta en su combinación de botánicos y nosotros lo empleamos para producir nuestro Maidenii Nocturne.

LAPSANG SOUCHONG ESPECIADO

Los potentes aromas de los taninos del té lapsang souchong maridan increíblemente bien con las notas especiadas del Økar Amaro.

PARA 1 PERSONA

Prepare una taza de té con hojas de lapsang souchong y añada una medida pequeña de Økar Amaro. No necesita mucho: debería bastar con 10 ml por 200 ml de té.

ARÁNDANOS AUSTRALIANOS

(KUNZEA POMIFERA)

Este arbusto de bayas de origen australiano crece en el sureste de Australia Meridional y en el oeste de Victoria. En su estado natural, es una planta cubresuelos, pero es habitual que se la emparre con fines comerciales. Tiene hojas pequeñas y redondas, con una profusión de flores de color crema en primavera. Los frutos son pequeños y de verdes a rojos con matices morados cuando están maduros. También están repletos de vitamina C y de antioxidantes (en cantidades significativamente superiores a las de los arándanos azules) y se pueden comer frescos. Son extraordinariamente populares en las industrias de la alimentación y de la bebida, por su sabor dulce, especiado y a manzana y enebro.

Cuando pienso en arándanos australianos, los asocio a las tartas de manzana. El arándano australiano contiene todos los sabores de la tarta de manzana: manzana, canela, vainilla e incluso un matiz de clavo. Los usamos con generosidad en nuestro Maidenii Nocturne, al igual que hacen muchas destilerías de ginebra. Cuando trabajaba en Lûmé, Nick Tesar los glaseaba y los añadía al umeshu, un licor japonés: una combinación celestial.

MERMELADA DE ARÁNDANOS AUSTRALIANOS

Elaborar mermelada con ellos es una manera estupenda de disfrutarlos durante el año entero. Aunque hay que añadir bastante azúcar para obtener todo el sabor, merece la pena. Extienda la mermelada sobre rebanadas de brioches y, si tiene ganas de algo más elaborado, añada un poco de crema inglesa. También puede usar la mermelada en cócteles como el Kunzea Pomifera (p. 124).

PARA UNOS 800 G

500 g de arándanos australianos
500 g de azúcar caster (extrafino)
50 ml de zumo de limón recién exprimido

Mezcle todos los ingredientes en un cazo grande y de fondo grueso junto a 250 ml de agua y remueva bien. Lleve a ebullición a fuego medio-alto, reduzca a fuego bajo y cueza lentamente durante 1 hora.

Retire del fuego y triture la mermelada cuidadosamente con una batidora de mano hasta que obtenga una consistencia uniforme. Transfiera la mermelada a un tarro de vidrio esterilizado (p. 78) y ciérrelo bien. Métalo en el refrigerador, donde se conservará durante 2 meses.

NUEZ DE MACADAMIA

(MACADAMIA INTEGRIFOLIA, M. TETRAPHYLLA)

El primer árbol de nuez de macadamia que se cultivó, *Macadamia integrifolia*, sigue creciendo en el Jardín Botánico de Brisbane (Australia). Lo plantó Walter Hill, el superintendente del jardín, en 1858, un año después de que Ferdinand von Mueller describiera la planta y la nombrara en honor a un químico de Melbourne, John Macadam. Y, a pesar de ello y de que las comunidades aborígenes del sureste de Queensland la cultivaban y la consumían, la nuez de macadamia se comercializó por primera vez en 1883 en Hawái: la producción australiana no empezó hasta 1963. La *Macadamia integrifolia* tiene hojas en grupos de tres, mientras que la otra especie que se cultiva comercialmente para la producción de la nuez, la *Macadamia tetraphylla*, tiene las hojas agrupadas de cuatro en cuatro.

Aunque posiblemente se trate del producto originario australiano más conocido y exportado, hay importantes plantaciones del árbol de la nuez de macadamia en Hawái y en Suráfrica, además de en varias partes de Australia. Mi primera experiencia con este botánico en la bebida fue cuando mi amigo Andrew Marks lanzó la Melbourne Gin Company. El uso de la nuez de macadamia en la destilería es muy similar al de la almendra y aporta suavidad y textura al destilado. ¡Y menuda textura! Si no me cree, hágase con una botella de ginebra de la Melbourne Gin Company y compruébelo. Las almendras se pueden sustituir por nueces de macadamia en la producción de jarabe de orgeat, un habitual de los cócteles que normalmente se elabora con almendras.

GUIRLACHE DE NUECES DE MACADAMIA

El primer cóctel que ideé con Maidenii después de su lanzamiento fue el Funeral del verano (p. 128). Lo servimos en el Gin Palace, acompañado de este guirlache. Aunque es ideal con el cóctel, también es delicioso por sí solo, quizás después de cenar y con algo dulce para beber. ¿Qué tal un Chinato?

PARA 1,2 - 1,5 KG

300 g de nueces de macadamia, troceadas bastamente
1 kg de azúcar caster (extrafino)
250 ml de vermut Maidenii Classic
250 ml de zumo de manzana turbio (sin filtrar)
150 g de mantequilla salada cortada en dados, y un poco más para engrasar

Engrase una fuente de horno y extienda las nueces troceadas por encima.

Mezcle el azúcar, el vermut y el zumo de manzana en un cazo y lleve a ebullición a fuego medio-alto. Hierva durante 15 minutos, sin remover, hasta que el azúcar se haya disuelto. Use un pincel de repostería para barrer los cristales de azúcar que puedan haber quedado en las paredes del cazo y añadirlos al caramelo.

Cuando el caramelo adquiera un color dorado oscuro, añada y bata rápidamente la mantequilla. Vierta con cuidado la mezcla sobre las nueces de macadamia. Deje que se enfríe a temperatura ambiente hasta que se endurezca (unas 3 horas) antes de comer (si puede esperar tanto tiempo, claro está).

cómo
se bebe

JERGA DE BARRA

(Y RECETAS BÁSICAS)

La intención de este capítulo es aclarar como mínimo parte del misterio que envuelve a la terminología de los cócteles y los licores y armarle con las técnicas básicas, consejos y recetas que necesitará para llevar sus cócteles al siguiente nivel.

Y, para estar seguro, incluyo a continuación mi dirección de correo electrónico, por si se encontrara con alguna dificultad o no acaba de entender algo: shaun@maidenii.com.au. Estaré encantado de poder ayudarlo (en inglés, claro).

RECETAS

Hay varias recetas fundamentales que deben estar en el arsenal de cualquiera que prepare cócteles. Las que encontrará a continuación aparecen con frecuencia en el libro, así que dedique unos instantes a familiarizarse con ellas.

SOLUCIÓN CÍTRICA

Cuando empecé a preparar cócteles, me grabaron a fuego que siempre hay que tener en cuenta tres cosas: lo dulce, lo ácido y lo amargo. Con frecuencia, lo ácido procede del zumo de limón o de lima, pero no siempre es necesario usar un cítrico fresco para lograr un sabor ácido. La solución cítrica es una alternativa fantástica y los profesionales de la coctelería recurrimos a ella con frecuencia. Para prepararla, solo tendrá que mezclar 20 g de ácido cítrico por cada 100 ml de agua. Otras soluciones usan ácido tartárico (de las uvas) o málico (de las manzanas).

SIROPE DE MIEL

Me parece increíble la gran variación de sabor que hay entre las mieles de distintos tipos. La ubicación y el tipo de plantas definen cómo sabrá cada miel. Por norma general, intento equilibrar la potencia de la miel y la del cóctel. La combinación de whisky y de amaro es muy potente, por lo que soportará una miel intensa, mientras que una bebida más ligera, por ejemplo a base de ginebra y de limón, funcionará mejor con una miel suave y floral. La mejor manera de introducir miel en un cóctel es transformarla en sirope mezclando partes iguales de miel y de agua.

SOLUCIÓN SALINA

Si tuviéramos que transformar nuestro triángulo dulce-ácido-amargo en otra forma, sería la de un cuadrado en la que la sal sería el cuarto vértice. Resulta casi divertido que, hasta hace muy poco, la sal estuviera completamente excluida del repertorio del barman, porque ayuda muchísimo a realzar el sabor. Quizás crea que añadir sal a una bebida hará que sepa, pues eso, salada. Pero esa es precisamente su magia. En realidad, hace que las bebidas parezcan más suaves y afrutadas, mientras que las bebidas a las que no se añade sal parecen más amargas e intensas. Es un elemento imprescindible para todo el que quiera mezclar bebidas. Tal y como dice mi amigo James Connolly cuando juzga cócteles nuevos que no acaban de dar en el clavo: «¿Has probado a añadir sal?». Sin duda alguna, casi siempre mejora el resultado.

Para preparar una solución salina, disuelva 20 g de sal marina en escamas de buena calidad por cada 100 ml de agua. Guarde la solución en el frigorífico y añádala gota a gota a sus cócteles hasta que obtenga el sabor ideal.

SIROPE DE AZÚCAR

Este básico de la coctelería aparece con frecuencia no solo en este libro, sino en todos los que tratan del tema. Aunque lo habitual es prepararlo con partes iguales de azúcar y de agua, a mí (y a muchos otros) me gusta prepararlo con dos partes de azúcar por cada parte de agua. Lo prefiero así por dos motivos: primero, porque el azúcar ayuda a que el sirope se conserve en el frigorífico (suelo añadir también un chorro de vodka, por el mismo motivo) y, segundo, porque así no diluyo el cóctel final con demasiada agua. El agua solo se usa como medio, así que cuanto menos, mejor.

Para preparar un sirope de azúcar 2:1 mezcle dos partes de azúcar por cada parte de agua en un cazo. Caliente poco a poco a fuego bajo hasta que el azúcar se haya disuelto, vierta el sirope en una botella dispensadora de plástico y métala en el frigorífico. Se conservará durante 2 semanas.

LA CRISTALERÍA

PERFUMAR LAS COPAS

Las copas y los vasos se perfuman para añadir una esencia o un aroma a una bebida. El olfato es un factor importante a la hora de redondear un cóctel y esta es una manera fantástica de incorporar notas de otros ingredientes. Se suelen usar productos potentes, como la absenta o la Chartreuse, porque tienden a permanecer más tiempo en la copa.

Para perfumar un vaso o una copa, vierta 5-10 ml de la bebida de su elección en una copa y hágala girar, para mojar toda la cara interna. Llene la copa con cubitos de hielo y resérvela mientras prepara el resto del cóctel. Justo antes de servir el cóctel, deseche el hielo y el agua derretida y se quedará con un vaso perfectamente perfumado (y helado).

ESTERILIZAR BOTELLAS Y JARRAS

Muchas de las recetas de este libro sirven para preparar *shrubs*, licores aromatizados y otros preparados deliciosos que puede guardar en botellas o jarras para usarlos más adelante en otros cócteles. Para que conserven el sabor original y evitar la presencia de contaminantes, es importante que esterilice siempre las botellas y las jarras antes de usarlas. Para ello, retire las tapas y lave a fondo las botellas o las jarras con agua caliente y jabón. Deposítelas sobre una fuente de horno, bocarriba, y métalas en el horno, a baja temperatura, hasta que se hayan secado por completo. Hierva las tapas durante 10 minutos y luego deje que se sequen por completo al aire sobre un paño limpio.

ELEGIR LA COPA O EL VASO

Las personas bebemos también con los ojos, por lo que es importante elegir bien la cristalería. En primer lugar, la bebida ha de encajar con el vaso. Esto significa que el vaso o la copa han de ser adecuados para el cóctel que esté preparando. Por ejemplo, yo prefiero usar un vaso largo para los gin tonics, porque son lo bastante grandes para poder contener toda la tónica y, además, mantienen la bebida fría durante más tiempo, porque la masa térmica de la bebida fría tendrá menos contacto con el aire caliente. Además, son sofisticados.

GLOSARIO

Busque en el libro los símbolos de estos vasos y copas.

Es una guía sencilla sobre qué tipo de vaso o copa funciona mejor con bebidas concretas, pero no dude en experimentar con el tipo de cristalería que tenga disponible.

 COPA DE ABSENTA

Copa gruesa con pie, fuste y cáliz. Se usa sobre todo para servir absenta.

 COPA DE CHAMPÁN

Copa con fuste alto y cáliz abierto y poco profundo. Se dice que la forma tomó como molde los senos de María Antonieta. Un dato estrictamente científico, estoy seguro.

 COPA DE CÓCTEL

La copa con forma de V a la que se suele llamar copa de Martini.

 COPA DE VINO PEQUEÑA

El uso de esta copa no se debería limitar al vino. También funciona muy bien con los cócteles.

COPA NICK Y NORA

Una copa pequeña, casi como las de jerez, que suele estar bellamente grabada por fuera.

 COPA TIPO BORGOÑA

Una copa panzuda de la que se dice que expresa a la perfección el vino de Borgoña. También es ideal para un spritz generoso.

 ROCKS GLASS

Un vaso corto y ancho que tradicionalmente se usa para servir whisky y combinados.

 TAZA DE TÉ

Prepárelo como quiera, pero en una taza, por favor. No somos herejes.

 TULIPA

Una delicada copa con bellas curvas. Es perfecta para servir vinos generosos y Flips.

VASO COLLINS

Una versión más larga del vaso largo.

VASO LARGO

Un vaso alto, delgado y no demasiado grande.

VASO OLD FASHIONED

Una versión más grande del rocks glass.

VASO PARA JULEPE

Normalmente se hace con peltre (acero esmaltado o porcelanizado), aunque los más lujosos son de plata y hechos a mano. Son perfectos para los cócteles con hielo picado que empañan el vaso, lo que les da un aspecto altamente apetecible.

Lo que come puede realzar el sabor de lo que bebe.

En parte, este es el motivo por el que los sumilleres aconsejan distintos vinos para acompañar ciertos platos. Maridar comida con vino es algo habitual, pero la cosa no tiene por qué acabar ahí. Los cócteles pueden ser igualmente complejos e interesantes y creo firmemente en acompañar siempre las bebidas con algo de comida (quizás esto explique la expansión de mi cintura). En este libro hemos incluido guarniciones y acompañamientos: las primeras se sirven dentro del cóctel y los segundos van aparte. Tanto las unas como los otros pueden añadir una nueva dimensión a las bebidas y potenciar los sabores de los ingredientes de las mismas.

«DAR UN BUEN AZOTE» A LAS HIERBAS SUAVES

Por «picante» que le pueda parecer la expresión, lo cierto es que este secreto de barra ayuda a elevar drásticamente la calidad de los cócteles. En pocas palabras, cuando «azotamos» las hierbas suaves, sus células se rompen y liberan los aromas. Explicar por qué es importante ya es más detallado y de sabiondos: cuando bebemos un cóctel, activamos tanto el sistema del gusto (papilas gustativas) como el olfativo (sentido del olfato). Lo que olemos influye sobre el sabor que percibimos y la guarnición es lo primero que nos llega a la nariz cuando nos llevamos la copa a la boca, por lo que elíjalas con cuidado y azótelas sin piedad (le recuerdo que estamos hablando solo de hierbas aromáticas).

ESPIRALES DE CÍTRICOS (TWISTS)

Muchos cócteles necesitan algún tipo de espiral de cítricos. Antes de hablar del «cómo», veamos el «porqué». Es decir, ¿por qué tenemos que echar a perder una buena pieza de fruta solo porque queremos una pequeña espiral de su piel? Pues porque allí es donde están todo el sabor y todo el aroma. El aceite de cítricos es un aromático muy potente y una pequeña cantidad sirve de mucho cuando queremos activar los sentidos. En lugar de frotar el borde del vaso o de la copa con ralladura de cítricos, pruebe a frotarla en el exterior y el fuste. Quizás le parezca raro, pero conseguirá que su invitados vuelvan a sus casas oliendo a cítricos en lugar de a vino barato. Pruébelo y lo comprobará.

La mejor manera de preparar la espiral de guarnición es pelar la fruta de arriba abajo con un pelador de verduras. Exprima la piel sobre la bebida para extraer el aceite y luego meta la piel en la copa, encájela sobre el borde o deséchela. Aunque quizás quede un cóctel menos bonito, yo prefiero desechar la piel y dejar que los sabores de la bebida brillen por sí solos.

ABANICOS DE MANZANA

Sé lo que está pensando ahora mismo: los abanicos de fruta son tan retro… Pero ¿acaso parte de la diversión no consiste en eso? De hecho, creo que es una de las maneras más sencillas de dar un aspecto profesional a un cóctel y, además, puede usar varios tipos de fruta, como manzanas, peras, melocotones o nectarinas. Use lo que use, siempre quedan fantásticos.

Corte una manzana por la mitad y luego en láminas de 1 cm de grosor. Dispóngalas en abanico y plántelas en el cóctel. Es así de sencillo y tremendamente efectivo. Otro método, el preferido de Ben Luzz, mi antiguo jefe en el Gin Palace, consiste en cortar una cuña de manzana y luego tallar una forma de diamante en la piel de la manzana a aproximadamente 1 cm del borde. Luego se corta hacia el interior, de modo que los dos cortes se unan a aproximadamente 1 cm de la parte interior de la cuña. Si le sale, tendrá una cuña dentro de una cuña. Repita el proceso en la siguiente cuña más pequeña y vea cuántas cuñas puede conseguir.

FLAMEADO DE NARANJAS

Por supuesto, después de haber preparado una guarnición de cítricos, el siguiente paso es prenderle fuego. Aunque le pueda parecer una mera excusa para prender la mecha, lo cierto es que añade cierto sabor (por no mencionar espectáculo) a las bebidas. La primera vez que oí hablar de esta guarnición tan llamativa fue cuando trabajaba en discotecas a principios de la década de los 2000, cuando los Cosmopolitans eran el último grito.

La ejecución es muy sencilla. Solo tiene que preparar una espiral de cítricos (p. anterior) y, mientras exprime los aceites, prenda una llama entre la espiral y el cóctel. Es muy llamativo y hay quien sostiene que añade un matiz de cítrico quemado, aunque en mi opinión se trata más de espectáculo que de otra cosa. De lo que no hay duda es de que le da chispa, fuego y estilo a la bebida. Y, definitivamente, resulta memorable.

PAJITAS

De acuerdo, técnicamente no son una guarnición, pero sí que son una parte muy importante del acabado de la bebida.

Afortunadamente, esta cuestión se está convirtiendo en un tema de conversación importante entre los bármanes en las proverbiales reuniones alrededor de la máquina de café. Las pajitas se usan en muchos cócteles, pero las baratas pajitas de plástico suelen echar a perder las bebidas, porque no hacen nada para destacar la calidad de la misma. Las pajitas de metal son una buena alternativa y muchos bares las han empezado a usar. Son reciclables, conducen el frío y, francamente, quedan mucho mejor cuando uno se ha tomado la molestia de preparar una bebida de calidad en una copa bonita. También ayudan a conducir el aroma del cóctel si se usan para sujetar guarniciones, lo que, a su vez, contribuye al sabor de la bebida. Entonces, ¿cuál es mi opinión respecto a las pajitas? Creo que son fantásticas en algunos cócteles, pero le ruego que piense detenidamente en qué tipo de pajita usa para decorar su bebida. Y hasta aquí la diatriba hippie.

EL HIELO

El hielo suele ser el gran olvidado cuando pensamos en los ingredientes de un cóctel. Cuando empecé a preparar cócteles, solo conocía dos tipos de hielo: hielo en cubitos y hielo picado. A medida que fue pasando el tiempo, la situación empezó a mejorar y aparecieron máquinas modernas de hielo que producían cubitos más grandes y transparentes.

Los bares empezaron a presumir de la calidad de su hielo y a congelarlo en grandes bloques para servirlo con sus whiskies más caros. Incluso oí hablar de un bar que afirmaba que usaba el hielo más puro del mundo, procedente de la Antártida. Quizás eso sea ir demasiado lejos, pero lo cierto es que este cambio de actitud en relación con el hielo ha dado lugar a algunas opciones fantásticas, además de a otro ingrediente que promocionar.

Elegir el tipo adecuado de hielo para cada bebida es importante, porque desempeña dos funciones esenciales: enfriar y diluir. El frío ayuda a redondear la bebida acabada, porque suaviza los sabores más duros y la disolución ayuda a añadir una pequeña cantidad de agua, que abre los aromas. Tenemos un buen ejemplo de este efecto en el modo en que la temperatura afecta al dulzor. Una bebida fría, especialmente el vermut, anula la percepción del dulzor en comparación con una bebida a temperatura ambiente. No me pida la explicación científica, porque la desconozco, pero es así.

Preparar distintos tipos de hielo es más fácil de lo que pueda parecer. Llene de agua un contenedor de plástico grande y métalo en el congelador. Al día siguiente, saque el bloque de hielo del recipiente y deje que se funda un poco sobre un paño limpio. Con un cuchillo afilado, tállelo en la forma que desee. Es como tallar madera.

Si quiere una opción más sencilla puede comprar recipientes de formas concretas donde congelar el agua. Ahora hay moldes individuales, moldes que usan la congelación direccional para producir hielo cristalino y sierras japonesas especiales para cortar hielo. Si es como yo y estas cosas le emocionan, busque «esculturas de hielo japonesas» en YouTube. No se arrepentirá.

ENFRIAR

Ha preparado el cóctel perfecto, ha encontrado la copa ideal y los ha agitado o revuelto como un profesional. «Y ahora, ¿qué?», se pregunta. «La receta dice "cuélelo en un vaso", así que eso es lo que voy a hacer...». ¡Un momento! Se ha esforzado mucho en conseguir que su cóctel esté a la temperatura perfecta, así que no lo eche a perder ahora sirviéndolo en un vaso a temperatura ambiente o, aún peor, caliente. Es como preparar una salsa boloñesa perfecta y servirla con pasta pasada y viscosa.

Si va a preparar una bebida fría con hielo, acuérdese de poner a enfriar la copa antes de empezar a preparar el cóctel. Es muy sencillo: llene la copa o el vaso de cubitos de hielo y déjelo así mientras elabora el cóctel. Deseche el hielo justo antes de servir la bebida. Si está preparando un combinado caliente, haga lo mismo, pero con agua caliente.

A lo largo del libro recomendamos distintos tipos de hielo:

EN CUBOS

Cubitos de hielo de una bandeja o máquina de hielo normal. El tamaño ideal es de 2-3 cm.

PICADO

Básicamente, se trata de cubitos de hielo aplastados con un rodillo de amasar o pasados por una picadora de hielo. Para esas veces en que solo nos sirve un toque delicado.

ROCA (ROCK)

Un gran bloque de hielo que encaja casi a la perfección en un vaso rocks (Old Fashioned).

LANZA (COLLINS)

Un bloque de hielo largo y fino diseñado para encajar en un vaso largo o tipo Collins.

PONCHE

Un cubo de hielo grande de verdad, que encaja en un cuenco o recipiente para ponche.

YA QUE HA LLEGADO HASTA AQUÍ, AHORA LE EXPLICAREMOS OTRAS COSAS QUE LE CONVIENE SABER...

ZUMOS

Por norma general, cuando en una receta aparece un zumo, es prácticamente obligatorio usar zumo recién exprimido. No hay muchas cosas que desaconseje directamente, pero el zumo pasteurizado, con conservantes y tan dulce que da arcadas, es una de ellas. Es *posible* que esos productos no estén tan mal por sí solos, pero no funcionan en absoluto en los cócteles. Comparar el zumo fresco y el zumo procesado es como comparar un Aston Martin DB9 y un Smart. Sí, te lleva a los sitios, pero el viaje será accidentado. En nuestro caso, la ventaja es que el zumo fresco no cuesta mucho más que el procesado, pero duplica, por no decir que triplica, el sabor y la frescura. Use siempre fruta de temporada y no tema experimentar con distintos cítricos en sus cócteles.

PURÉS DE FRUTA

Es una manera estupenda de incluir mucha fruta (sobre todo bayas) en los cócteles. Además, es muy sencillo: pase la fruta por la trituradora y luego pase el puré obtenido por un colador chino. Guarde el resultado en una botella dispensadora de plástico y métala en el frigorífico, donde se conservará durante 1 semana. Si añade un poco de azúcar o un chorrito de vodka le durará más, pero, como siempre, cuanto más fresco, mejor. Los purés quedan muy bien sobre las bebidas, porque parecen flotar. El efecto visual es sorprendente y, en cuanto uno acerca la nariz, percibe inmediatamente el aroma afrutado.

HUEVOS

Muchos cócteles llevan huevo, ya se trate de la clara o del huevo entero. Se utilizan para emulsionar las bebidas y reunir los cítricos y el alcohol en una mezcla maravillosamente sedosa. La yema aporta refinamiento y suculencia, mientras que la clara aporta una ligereza que avergonzaría hasta a la mejor Pavlova de chocolate. (No, no es cierto: me encanta la Pavlova que hace mi suegra.) Si sus cócteles van a incluir huevo, asegúrese de comprar huevos orgánicos, de gallinas criadas en libertad y de la mejor calidad que pueda encontrar. En segundo lugar, compruebe que sean fresquísimos y úselos siempre inmediatamente o darán a su cóctel un sabor a huevo demasiado intenso. Por último, si no puede (o no quiere) comer huevo, hay sustitutos excelentes, como un producto llamado InstaFoam, un emulsionante vegano que podrá comprar en internet.

COLAR

Colar las bebidas es un paso esencial durante la preparación de cócteles. La mayoría de profesionales usan un colador específico, llamado colador Hawthorne, que, sencillamente, retiene el hielo. Una vez hemos agitado la bebida en el vaso mezclador o en la coctelera, usamos el colador para retener el hielo cuando servimos la bebida en el vaso o la copa que hemos seleccionado con esmero. El muelle que rodea el colador impide que se cuelen los trocitos de hielo más pequeños, algo que, al menos en mi opinión, es muy importante. Por ejemplo, pensemos en el Martini, uno de mis cócteles preferidos. Un Martini

bien preparado es una experiencia para los sentidos, eleva el ánimo con sus aromas y es técnicamente impecable. El descubrimiento de una pedacito de hielo en la bebida basta para echar a perder toda la experiencia, así que use un colador Hawthorne y, si puede, dé un paso más y use primero el colador Hawthorne y pase luego la bebida ya colada por un colador de té, para atrapar los diminutos trocitos de hielo que se puedan haber escapado.

MARCAS

Ha comprado un libro de recetas de cócteles, encuentra una que le llama la atención, empieza a leerla lleno de entusiasmo y entonces ve que pone «ginebra» y punto. ¿Qué ginebra ha de usar? La etiqueta de todas las clases de ginebra dice «ginebra», así que ¿cuál es la diferencia? Aunque no hay una norma general, lo que sí le puedo decir es que cada ginebra ofrece un perfil de botánicos distinto. Y las mejores no siempre son las más caras. Sin duda, una de las mejores en el mercado es también una de las más baratas: Beefeater. Estoy seguro de que la mayoría de bármanes y profesionales de la coctelería me dan la razón.

Y lo mismo podemos decir del resto de licores (y alcoholes) en general. En este libro, sugerimos la variedad o la marca que encaja mejor con el cóctel y con el resto de ingredientes del mismo. Si estamos convencidos de que debería usar una marca específica, se la indicamos. En el resto de ocasiones, no se desanime si no encuentra el whisky envejecido en barrica de madera de Mordor e infusionado con crin de unicornio. Lo que tenga en el mueble bar irá bien.

Lamentablemente, no podemos probar todas las marcas posibles en un cóctel (mi mujer dice que no sería sino una excusa para beber más), por lo que es posible que usted encuentre una que funcione aún mejor. De ser así, háganoslo saber y podrá ayudarme a probar los cócteles del próximo libro (con el permiso de mi mujer, claro está).

EL VERMUT SOLO

Hay muchas variedades de vermut, desde el muy seco hasta el muy dulce.

Cuando se trata de beber vermut, una de las mejores maneras de hacerlo es muy frío y solo, sin hielo.

¿POR QUÉ BEBER EL VERMUT SOLO?

Cuando empecé a elaborar vermut, mi punto de referencia no fue el vino aromático, sino el jerez. Se suele beber solo, sin hielo, y yo hago lo mismo con el vermut. Al igual que los vinos de Jerez del sur de España, el vermut se disfruta más si está muy frío, así que es importante mantenerlo en el frigorífico. Al igual que sucede con todos los vinos, la temperatura cambia cómo percibimos los distintos sabores del vermut: el frío reduce la percepción del dulzor y aumenta la de la acidez y los taninos. Si se sirve a la temperatura adecuada, sin hielo, el vermut solo puede brillar como aperitivo y resulta excelente con cualquier plato de comida, tal y como estamos a punto de descubrir.

Otro motivo para beber vermut sin hielo es que así intensificamos el aroma de los botánicos. El vermut, como el vino, se desarrolla en el vaso. Su perfil aromático cambia significativamente desde la primera «nariz», al acabarlo de servir, hasta cuando ya se ha oxigenado y revela aromas muy diferentes. La única manera de sumergirnos en este buqué tan rico es servir el vermut solo en el vaso perfecto.

▽ DURANTE LOS ÚLTIMOS AÑOS, HEMOS VISTO EL REGRESO DEL VERMUT SOLO COMO APERITIVO
– ANDY GRIFFITHS

¿QUÉ COPA DEBERÍA ELEGIR?

El vermut tiene un carácter marcadamente aromático y una graduación elevada, por lo que es mejor elegir un vaso o una copa no demasiado cerrados. Personalmente, prefiero las formas de tulipa abiertas, aunque los vasos largos también van bien, y es así como acostumbra a servirse en España.

Los fabricantes de cristalería tienden a crear copas especializadas para distintos estilos de vino, por ejemplo la copa de Riesling, la copa tipo Borgoña, etc. Sin embargo, de momento solo se ha diseñado una copa específica para el vermut, de cáliz abierto y con fuste, parecida a la copa de agua.

¿Con fuste o sin fuste? Es una pregunta interesante. Como el vermut es un ingrediente habitual en los cócteles, acaba llegando a copas y vasos de todo tipo: la copa en V con fuste característica del Martini; el vaso largo del Negroni o la copa con forma de chimenea del gin tonic, por nombrar solo algunos. Las copas con fuste ayudan a que la bebida se mantenga fría, mientras que los vasos sin fuste son víctimas del calor que despiden las manos y, por eso, hay que añadir hielo.

Antes de la década de 1980 se usaban vasos muy pequeños para los licores y los vinos dulces y aromáticos. Desde entonces, las dimensiones de los vasos y de las copas han aumentado en relación inversamente proporcional a las recomendaciones para un «consumo responsable de alcohol». Las copas grandes realzan la importancia del aroma del vino y del vermut, con frecuencia incluso por encima del gusto. Es mucho más fácil oler una pequeña cantidad de vino en una copa grande que en una copa llena hasta el borde. Aunque la forma y el tamaño de las copas son importantes, el grosor del vidrio y del cristal también marcan la diferencia, sobre todo en lo que se refiere a la sensación en boca.

¿CUÁNDO SE SIRVE SOLO?

Según Adam Ford en su libro *Vermouth*, una de las causas de la caída del consumo de vermut en Estados Unidos tras la Segunda Guerra Mundial fue la demanda de bebidas más «fuertes» y el abandono del vermut como bebida sola para empezar a beberlo sobre todo en cócteles, por lo que cada vez se usaba menos vermut, al tiempo que los licores más fuertes le iban ganando terreno.

Los vermuts secos son ideales como aperitivos, porque suelen contener menos azúcar. Castagna Classic dry y Belsazar dry son dos ejemplos excelentes y ambos son ideales para beberlos solos.

El vermut cobra vida de verdad cuando se sirve junto a acompañamientos sencillos, por ejemplo durante el aperitivo. Mark Reginato, un importante distribuidor de vino, cree que la textura del vermut mejora drásticamente cuando se sirve con comida: «Tomar La Tonique (un vino de quina) de Maidenii sin filtrar junto con anchoas, un puñado de alcaparras saladas y picatostes crujientes, hace que las notas secas, a hierbas y amargas del vermut destaquen de verdad».

Con el primer plato...

El matrimonio que dirige Banksii, la primera vermutería de Australia, defiende ardientemente acompañar la comida con vermut solo, por lo que ha creado un delicioso primer plato de mejillones especialmente diseñado para acompañar a un vermut seco.

MEJILLONES BANKSII CON VERMUT, OLIVAS VERDES Y MANTEQUILLA DE ORTIGAS

200 g de tomates cherry

1 cucharada de aceite de oliva, y un poco más para los tomates

100 g de chalotas, cortadas en juliana

1 kg de mejillones frescos, limpios y sin las barbas

150 ml de vermut Maidenii seco

150 g de aceitunas verdes sin hueso

berros frescos

sal marina y pimienta negra recién molida

MANTEQUILLA DE ORTIGAS

30 ml de aceite de oliva

200 g de ortigas frescas, bastamente troceadas

200 g de mantequilla

Para preparar la mantequilla de ortigas, caliente el aceite de oliva en una sartén a fuego medio-alto y saltee las ortigas durante 2-3 minutos, hasta que se empiecen a pochar. Páselas a un plato y métalas en el frigorífico hasta que se hayan enfriado del todo.

Meta la mantequilla y las ortigas refrigeradas en un robot de cocina y pulse hasta que la mezcla sea homogénea. Métala en el frigorífico hasta que la necesite.

Precaliente el horno a 200 °C.

Disponga los tomates cherry en una fuente de horno y riéguelos con un poco de aceite. Salpiméntelos y hornéelos durante 10 minutos o hasta que las piel se empiece a abrir. Resérvelos.

Caliente el aceite de oliva en una cazuela de fondo grueso y saltee las chalotas durante 1 minuto. Añada los mejillones y el vermut, tape la cazuela y cueza a fuego lento durante 2-3 minutos o hasta que los mejillones se hayan abierto. Deseche los que sigan cerrados después de la cocción. Retire y reserve los mejillones cocidos.

Lleve a ebullición el líquido de cocción y añada las aceitunas. A continuación, agregue la mantequilla de ortigas cucharada a cucharada y remueva bien hasta que se haya integrado del todo. Añada los tomates cherry y los mejillones. Remueva con suavidad para impregnar los mejillones, páselos a una fuente para servir y añada inmediatamente los berros como guarnición.

MARIDAJES DE VERMUT *Rebecca sugiere acompañar este plato con Ravensworth Outlandish Claims Bitter Tonic, Caperitif o el vermut seco de Noilly Prat.*

Con el segundo plato...

Andreas Papadakis es el magnífico chef del exitoso restaurante Tipo 00 de Melbourne y sugiere preparar con vermut este plato estival de trucha y naranja.

TRUCHA ARCOÍRIS TIPO 00 MACERADA CON VERMUT Y NARANJA SANGUINA

4 filetes de trucha arcoíris (unos 500 g), sin piel ni espinas

semillas de amapola y flores de rúcula, para la guarnición

MACERADO

25 g de sal marina

2 naranjas sanguinas, con la piel rallada y la pulpa en gajos

30 ml de vermut

ALIÑO

250 ml de zumo de naranja sanguina recién exprimido

75 ml de aceite vegetal

25 ml de aceite de oliva

15 ml de vermut seco

Para el macerado, mezcle la sal marina, la ralladura de las naranjas y el vermut en un cuenco. Unte completamente los filetes de trucha con la mezcla y déjelos macerar en el frigorífico durante un mínimo de 30 minutos y hasta 2 horas (cuanto más tiempo, mejor). Enjuague los filetes para eliminar el macerado y séquelos a toquecitos con papel de cocina.

Para el aliño, hierva el zumo de naranja en un cazo pequeño a fuego medio-alto hasta que se haya reducido a 60 ml. Transfiéralo a un cuenco pequeño y déjelo enfriar. Añada los aceites y el vermut batiendo la mezcla continuamente y reserve.

Para servir, corte los filetes en rodajas de 5 mm de grosor y dispóngalos en cuatro platos. Aliñe generosamente y adorne con los gajos de naranja, una pizca de semillas de amapola y flores de rúcula.

CONSEJO *Para bordar el plato, macere el pescado en el frigorífico durante al menos 2 horas antes de servirlo, así el macerado penetrará bien.*

Raúl Moreno Yagüe, el sumiller de Tipo 00, sugiere acompañar este plato con Vermut Lustau Rojo, de Jerez de la Frontera:

«He elegido el Lustau por varios motivos. En primer lugar, porque sus características son la quintaesencia del vermut español, que, tradicionalmente, es más seco que otros estilos. Además, el Lustau es un gran ejemplo de vermut que hunde sus raíces en el jerez, con unos matices de nueces, sal y ciruelas pasas que evocan el Amontillado y el Pedro Ximénez. Además, su receta solo incluye diez botánicos, entre ellos piel de naranja, ajenjo, salvia y cilantro, que se distinguen con facilidad. La complejidad del sabor de este vermut me resulta fascinante, porque primero parece dulce y poco ácido, pero una vez la suave amargura se acumula en el paladar, los botánicos se despliegan y captan toda la atención. Es un ejemplo aterciopelado y complejo de un vermut rojo español clásico, ideal para ser bebido solo y a sorbos lentos.

Para mí, como español, el vermut es una bebida que denota un tiempo, un lugar y un grupo de amigos. Aunque la hora concreta varía del sur al norte de España, suele tomarse entre las 13:00 y las 13:30 h. Tradicionalmente, un grupo de buenos amigos o de familiares quedan para tomar un par de copas de vermut antes del almuerzo, para abrir el apetito.»

Cuando acompaña a una comida, el vermut solo funciona mejor junto a platos potentes y aromáticos que complementen su perfil botánico. Kylie Kwong, del fantástico restaurante de Sídney Billy Kwong, nos ha revelado la receta de su pato crujiente con salsa de cítricos, que maridan con distintos vermuts seleccionados por Sophie Otton, la responsable de compras de vino de Billy Kwong.

PATO CRUJIENTE CON SALSA DE CÍTRICOS DE KYLIE KWONG

1 pato de corral de 1,5 kg

2 cucharadas de sal aromatizada con pimienta de Sichuan

35 g de harina

aceite de girasol o de cártamo para freír

SALSA DE CÍTRICOS

220 g de azúcar moreno

80 ml de salsa de pescado

6 estrellas de anís

2 ramas de canela

el zumo de 3 limas

1 naranja, pelada y cortada en rodajas

Enjuague el pato con agua fría corriente. Retire la grasa sobrante del interior y del exterior de la cavidad y corte el cuello, la rabadilla y las alas. Séquelo a toquecitos con papel de cocina y frote toda la piel con la sal aromatizada con pimienta de Sichuan. Cúbralo y métalo en el frigorífico hasta el día siguiente, para que macere.

Pase el pato a una cesta grande para cocinar al vapor. Coloque la cesta sobre una olla profunda con agua hirviendo y cueza el pato al vapor durante una 1 h 15 min o hasta que esté hecho del todo (para comprobarlo, inserte un cuchillo pequeño entre el muslo y la pechuga: los jugos deberían ser transparentes). Use pinzas para sacar con cuidado el pato de la vaporera y colóquelo en una fuente de horno, con las pechugas hacia arriba, para que se escurra. Deje que se enfríe ligeramente y métalo en el frigorífico, para que se enfríe más.

Mientras, prepare la salsa de cítricos. Vierta el azúcar en 250 ml de agua en un cazo pequeño y lleve a ebullición. Baje el fuego y deje que cueza, removiendo de vez en cuando, durante 7 minutos o hasta que reduzca un poco.

Añada la salsa de pescado y las especias y deje que cueza durante 1 min más. Agregue el zumo de lima y la naranja y retire el cazo del fuego.

Deposite el pato frío y con las pechugas hacia arriba sobre una tabla de cortar y, con un cuchillo grande o de carnicero, corte el ave longitudinalmente por la mitad a través del esternón y la columna vertebral. Retire con cuidado la carne de la carcasa dejando intactos los muslos, las patas y las alas. Como el pato se ha cocido del todo, la carne debería separarse de los huesos con facilidad. Enharine ligeramente las dos mitades de pato y sacúdalas con suavidad para que se desprenda la harina sobrante.

Caliente el aceite en un wok precalentado hasta que la superficie empiece a brillar. Fría las mitades de pato durante unos 3 minutos cada una (deles la vuelta hacia la mitad de la cocción) o hasta que estén tostadas y crujientes. Con pinzas, retire cuidadosamente el pato del aceite y deje que se escurra bien sobre papel de cocina. Luego, déjelo reposar en un lugar templado durante 5 minutos, mientras calienta a fuego lento la salsa de cítricos.

Para terminar, corte el pato con un cuchillo afilado y disponga los trozos sobre una fuente para servir. Vierta la salsa de cítricos por encima con una cuchara y sirva.

MARIDAJE DE VERMUT *Sophie sugiere Maidenii 19 Botanicals, Vermut Golfo tinto y Regal Rogue Bold Red.*

Con quesos...

El vermut es una propuesta interesante. En la cultura anglosajona, es tradicional emparejar el queso con vinos generosos, por ejemplo Oporto y queso Stilton o Amontillado y queso manchego viejo. Aquí, Nicola Munari, directora ejecutiva de la vinoteca Taillevent de Londres, revela sus raíces piamontesas cuando decide usar vermut en lugar de Oporto para equilibrar el gusto salado del Stilton.

«Maridar Stilton con Oporto o con ginebra de endrinas sería una opción fácil, segura y eficiente. Maridarlo con vermut puede parecer más ambicioso, pero en realidad nos permite acceder a lo mejor de ambos ingredientes.

El resultado es una experiencia de sabor novedosa, que combina un dulzor leve, unos tonos afrutados y jugosos, un irresistible matiz especiado y un toque balsámico que envuelven y embellecen los sabores del cremoso y enmohecido Stilton. Revitaliza las papilas gustativas y abre el paladar a todo un abanico de opciones para disfrutar de un digestivo o de un cóctel al final de una comida.»

MARIDAJE DE VERMUTS *Nicola sugiere Maidenii dulce, Mancino rosso amaranto y Cocchi Storico di Torino.*

Con el postre...

El vermut se disfruta sobre todo cuando lo emparejamos con un postre. En función de su sabor dominante, ya sea caramelo, vainilla, fruta o menta, el vermut dulce se puede servir junto a una amplia variedad de postres. A continuación, la crème de la crème de los chefs australianos, Ben Shewry de Attica, en Melbourne, nos demuestra lo versátil que puede llegar a ser el vermut.

POSTRE DE PERA Y VERMUT DE BEN SHEWRY

flores de romero frescas, para adornar

SORBETE DE MAIDENII

4 litros de leche fresca de vaca

3 g de cuajo en polvo

300 g de azúcar

200 g de azúcar invertido

500 g de yogur de leche de oveja

vermut Maidenii Classic, para condimentar

Empezaremos por preparar un queso fresco blando. Caliente la leche de vaca hasta los 30 °C y añada el cuajo en polvo. Deje cuajar la leche a temperatura ambiente durante 12 horas y entonces envuélvala en una muselina y cuélguela durante otras 12 horas en el frigorífico, para que adquiera firmeza, sobre un recipiente abierto que recogerá el suero. Reserve 200 g del suero del queso. Esta receta debería proporcionar unos 500 g de queso de leche de vaca.

Una vez tengamos el queso, podemos proceder a elaborar el sorbete. Para ello, mezcle en un cazo el suero que ha obtenido al colgar el queso, el azúcar y el azúcar invertido y caliente hasta que el azúcar se haya disuelto. En un cuenco, bata el queso fresco y el yogur de leche de oveja hasta que obtenga una textura lisa. Entonces añada el azúcar y, una vez se haya mezclado bien, agregue el vermut (al gusto). Vierta la mezcla en los recipientes de un Pacojet y congélelos hasta el momento de servir.

BOLAS DE PERA CON FRUIT SPICE

1 pera Bosc (o Kaiser Alexander)

750 g de azúcar caster (extrafino)

80 g de especias para frutas tipo Fruit Spice (puede comprarla online)

35 g de ácido cítrico

6 g de sal marina fina

Precaliente el horno a 200 °C. Pele la pera y, con un sacabolas de fruta pequeño, extraiga 12 bolitas de pera.

Mezcle el azúcar, la mezcla de especias, el ácido cítrico y la sal. Espolvoree las bolas de pera con el azúcar especiado, póngalas en una fuente y métalas en el horno durante 1-2 minutos o hasta que se empiecen a caramelizar.

PIEL DE PERA DESHIDRATADA

690 g de azúcar caster (extrafino)

250 ml de vinagre de manzana dulce, hervido y enfriado

la piel de una pera, pelada con un pelador de verduras

Mezcle el azúcar, 500 ml de agua y el vinagre de manzana dulce y añada la piel de la pera a la mezcla. Retire la piel del jarabe resultante y dispóngala sobre una bandeja de horno hasta el día siguiente, para que se deshidrate. Debería quedar crujiente y arrugada.

VINAGRE DE PERA

950 g de peras marrones, peladas y ralladas

830 ml de vinagre de manzana dulce

200 g de azúcar caster (extrafino)

Para el vinagre de pera, mezcle la pera rallada y el vinagre y comprímala en una bolsa. Ahora meta la bolsa en un baño de agua a 50 °C durante 1 hora. Luego métala en el frigorífico hasta el día siguiente para que se infusione. Antes de añadir el azúcar, pase el líquido frío por una muselina. Caliente el vinagre y el azúcar a fuego bajo hasta que el azúcar se haya disuelto y la mezcla se haya reducido un poco.

Adorne el postre con unas gotas de vinagre de pera y flores de romero.

MARIDAJES CON VERMUT *Jane Lopes sugiere Mauro Vergano, Otto's Athens y Margan Off-sweet.*

POSTRE DE VERMUT Y SANDÍA DE INDRA CARRILLO

Merece la pena seguir a Indra Carrillo y su primer restaurante, La Condesa, en París. Cuenta con un currículum impresionante y su cocina combina múltiples influencias. También usa vermut en su postre de sandía, sorbete de hibisco, granada y tomate caramelizado con gelatina de vermut y sal ahumada de mezcal.

MARIDAJES CON VERMUT *Alexandre Jean sugiere Maidenii Classic y La Quintinye rouge.*

EL VERMUT EN EL MUNDO

Los españoles son, sin duda alguna, los campeones del consumo de vermut solo. En casi todos los bares se puede pedir vermut de la casa, que se sirve de una botella o de un grifo contiguo al de la cerveza. El vermut de grifo suele ser bastante barato y se sirve en vaso largo. Los vermuts embotellados acostumbran a ser dulces, oscuros y con pocos botánicos. Los italianos también tienden a servir vermut durante el ritual del aperitivo y lo beben con hielo y la piel de algún cítrico.

La nueva generación de vermuts de la era contemporánea se suelen consumir solos y, normalmente, se encuentran en los bares y en los mejores restaurantes.

Una de mis maneras preferidas de servir vermut solo es como digestivo y acompañado de un buen puro en las cálidas noches de verano. En esta situación, un amaro o un vermut semiseco son ideales.

CONSERVACIÓN DEL VERMUT

Como el vermut está fortificado, es más estable que el vino, sobre todo si se guarda en el frigorífico. Una vez abierto, el vermut no cambiará drásticamente, pero sí que irá perdiendo gradualmente frescor e intensidad. Si solo tiene intención de consumir vermut esporádicamente, una buena opción es comprar media botella, porque así no tendrá que guardarla durante tanto tiempo. Puede estar seguro de que usar vermut frío en los cócteles no afectará negativamente ni al sabor ni a la intensidad de los aromáticos en los mismos.

Como el vermut es un vino, puede envejecerlo en casa. Las botellas de vermut suelen cerrar con tapón de rosca, lo que es una ventaja a la hora de envejecerlos, ya que estos tapones permiten una evolución más lenta que los de corcho. En el caso de los tapones de rosca, es mejor guardar las botellas horizontalmente, porque así es más fácil comprobar la calidad del cierre. Sepa que hay un mercado de segunda mano para vermuts y *bíters* añejos, que se venden en subastas.

Aunque el vermut no es tan caro como algunos vinos, uno de los cócteles más caros conocidos contenía vermut. Fue una creación de Salvatore Calabrese, en The Play Boy Club de Londres, en un intento de conseguir el Récord Guinness Mundial en octubre de 2012. Su astronómico precio de 6.800 euros se debía a la combinación de decadentes ingredientes *vintage*, como coñac Clos de Griffier Vieux de 1778, licor Kummel de 1770, Curaçao Dubb Orange de 1860 y una diminuta botella de angostura del siglo XIX. Se cree que también es el cóctel más viejo del mundo: sus ingredientes tienen una edad combinada de 730 años.

EL PRODUCTOR DE VERMUT DEDICA GRANDES ESFUERZOS A CREAR
SUTILES COMBINACIONES DE EXTRACTOS DE PLANTAS, COMO SI DE
UN PERFUMISTA SE TRATARA.

PRIMAVERA

La primavera es una estación emocionante y ver el primer atisbo de sol tras un largo invierno es siempre una buena excusa para una celebración.

Las cerezas hacen su aparición y, hacia el final de la primavera, son extraordinarias. Las fresas aparecen en los mercados y los humildes guisantes, mis preferidos, llegan a mis bebidas. Los cócteles de primavera rebosan frescor y sabores ligeros, aunque también pueden ser contundentes si se toman por la noche, cuando aún puede hacer fresco.

En primavera, la vermutería es un hervidero de actividad, porque recolectamos y maceramos botánicos frescos, además de algunos secos hacia el final de la estación. También es la época del año en que decidimos cuánto vermut queremos producir el próximo año y empezamos a visitar los viñedos de la región central de Victoria para comprobar su salud y planificar la vendimia con los viticultores.

NASTURTIUM FRAPPÉ

(imagen en la p. siguiente)

Este cóctel está inspirado en el Absenta Frappé, un clásico de Nueva Orleans elaborado con absenta, menta, azúcar y, en algunos casos, agua carbonatada. Absentroux también produce absenta, así que no debería sorprendernos que el ajenjo esté tan presente en su vermut.

45 ml de vermut Absentroux

15 ml de Absenta de hojas de Nasturtium (véase abajo)

8 hojas de menta

cubitos de hielo, para agitar

hielo picado, para servir

flores de Nasturtium (capuchinas) frescas y un brote de menta, para la guarnición

ABSENTA DE HOJAS DE NASTURTIUM (PARA UNOS 200 ML)

20 g de hojas de Nasturtium frescas

200 ml de absenta

Para elaborar la absenta de Nasturtium, prepare un cuenco con agua helada y resérvelo. Lleve un cazo pequeño de agua a ebullición y blanquee las hojas durante unos 30 segundos. Escúrralas y métalas inmediatamente en el agua helada.

Escurra las hojas y májelas con una mano de mortero hasta que las haya convertido en una pasta. Añada la absenta y macérelas durante 2 horas. Cuele la absenta a través de un paño de muselina sobre una jarra. Deseche las hojas. Vierta la absenta en una botella de vidrio esterilizada (p. 78) y ciérrela bien. Guarde la botella en el frigorífico. La absenta se conservará durante 2 meses.

Para preparar el Nasturtium Frappé, vierta todos los ingredientes en una coctelera y cúbralos con los cubitos de hielo. Agite la coctelera vigorosamente durante 10 segundos y cuele el contenido en una copa de absenta helada llena de hielo picado. Adórnela con las flores de Nasturtium y un tallo de menta.

MELOCOTÓN ROSADO

El quandong del desierto, o melocotón nativo, es una fruta australiana de la familia de los sándalos. Aunque encontrarlos frescos es difícil incluso en Australia, se pueden comprar secos en la página web www.outbackchef.com.au y son perfectos para preparar el sirope amargo de esta receta. El carácter de jugosas frutas del bosque de este vermut rosado encaja a la perfección con los quandongs.

60 ml del vermut rosado de Adelaide Hills Distillery

30 ml de Sirope de quandong (véase abajo)

90 ml de cerveza de jengibre

cubitos de hielo, para servir

cuña de lima y Quandongs caramelizados (véase abajo), para la guarnición

SIROPE DE QUANDONG Y QUANDONGS CARAMELIZADOS

50 ml de quandongs secos

300 g de azúcar caster (extrafino)

25 ml de vinagre de sidra

Para preparar los quandongs y el sirope, mezcle todos los ingredientes en un cazo con 300 ml de agua. Lleve a ebullición, baje el fuego y cueza lentamente durante 30 minutos. Cuele el líquido con un colador de malla fina sobre una jarra y reserve los quandongs rehidratados. Vierta el sirope en una botella de vidrio esterilizada (p. 78) y ciérrela bien. Métala en el frigorífico, donde se conservará durante 1 semana.

Meta los quandongs en un deshidratador de alimentos y déjelos secar durante 2 horas. También puede disponerlos sobre una fuente de horno y secarlos durante 2 horas en un horno precalentado a la mínima temperatura posible.

Para el Melocotón rosado, vierta el vermut y el sirope en un vaso Collins helado y añada poco a poco la cerveza de jengibre. Añada con cuidado los cubitos de hielo y adorne el vaso con la cuña de lima y los quandongs caramelizados.

REGRESO AL BOSQUE

(imagen en la p. siguiente)

▢

Me crie a base de ruibarbo. Mi madre lo cocía y lo servía con hielo, y el olor que despide durante la cocción siempre me traslada a esa época. La primera vez que probé la zarzaparrilla fue durante una acampada en el bosque cuando era más joven. Los dos sabores combinan muy bien y el vermut dulce de Ransom siempre me recuerda tanto a la zarzaparrilla como al ruibarbo de mi madre.

60 ml de vermut Ransom dulce

60 ml de zarzaparrilla

cubitos de hielo, para servir

50 ml de Espuma de ruibarbo (véase abajo), **para la guarnición**

ESPUMA DE RUIBARBO (PARA UNOS 400 ML)

200 g de tallos de ruibarbo, troceados bastamente

350 g de azúcar caster (extrafino)

1 trozo de vaina de vainilla de 2 cm, con las semillas raspadas

10 g de ácido cítrico

2 claras de huevo

Para la espuma de ruibarbo, mezcle el ruibarbo, el azúcar y la vaina y las semillas de vainilla en un cazo con 650 ml de agua. Lleve a ebullición, reduzca a fuego medio y hierva lentamente durante 30 minutos.

Cuele el líquido con un colador de malla fina sobre un cuenco, añada el ácido cítrico, remueva para disolverlo y deje que se enfríe del todo. Una vez se haya enfriado, mezcle 800 ml del jarabe de ruibarbo con las claras de huevo en un sifón para crema y ponga dos cargadores. Si no tiene sifón, monte las claras con el jarabe a punto de nieve para que permanezcan sobre la bebida.

Para el cóctel, añada el vermut a un rocks glass helado y añada la zarzaparrilla poco a poco. Disponga los cubitos sobre la bebida con cuidado, para conservar las burbujas. Corone con la espuma de ruibarbo y sírvalo.

MARTINI DE GUISANTES

🍸

Nada evoca mejor la primavera que los guisantes frescos. Aunque se trata de una combinación poco habitual, los guisantes dan a la ginebra una inyección aromática extra. Para el vermut, elija algo dulce, aunque no mucho, como un Riserva Speciale Ambrato de Martini, que aportará a la bebida notas de miel afrutadas que casarán bien con los aromáticos de la ginebra de guisantes.

45 ml de vermut Riserva Speciale Ambrato de Martini

45 ml de Ginebra de guisantes (véase abajo)

1 chorrito de Solución salina (p. 77)

cubitos de hielo, para mezclar

1 hoja de menta, para la guarnición

GINEBRA DE GUISANTES (PARA UNOS 300 ML)

10 g de zarcillos de tirabeques

50 g de guisantes frescos desvainados

300 ml de ginebra Bombay Sapphire

Prepare la ginebra mezclando en un cuenco todos los ingredientes. Cúbralos y déjelos macerar durante 12 horas o hasta el día siguiente. Cuele la ginebra con un colador de malla fina sobre una botella de vidrio esterilizada (p. 78) y ciérrela bien. Guárdela en el frigorífico. Se conservará durante 1 mes.

Para el Martini de guisantes, vierta todos los ingredientes en una coctelera, terminando con los cubitos de hielo. Remueva durante unos 20 segundos, para que se enfríen y se diluyan.

Cuele la bebida en una copa de champán y adórnela con una hoja de menta.

TÉ DULCE FRESCO

Desarrollé este cóctel para un amigo mío, John Parker, cuando abrió el bar Halford en Perth. Es una bebida larga a base de té y vermut, refrescada con sidra seca y con un puré de fresa flotante que despide un aroma fantástico cada vez que se le da un trago.

45 ml de vermut Maidenii dulce

60 ml de Sirope de té negro (véase abajo)

90 ml de sidra de manzana seca

cubitos de hielo, para servir

50 ml de puré de fresas, para servir

1 ramita de menta, para la guarnición

SIROPE DE TÉ NEGRO (PARA UNOS 350 ML)

20 g de hojas de té negro Darjeeling

100 g de azúcar caster (extrafino)

Para preparar el sirope de té negro, meta las hojas de té en un cuenco grande lleno de agua filtrada helada. Déjelas macerar durante 1 hora y remuévalas cada 10 minutos.

Cuele el líquido por un colador de malla fina y deseche las hojas de té. Devuelva el líquido al cuenco y añada el azúcar sin dejar de remover con fuerza, para que se disuelva. Vierta el sirope en una botella de vidrio esterilizada (p. 78) y ciérrela bien. Guárdela en el frigorífico durante 1 semana.

Para preparar el Té dulce fresco, mezcle el vermut y el sirope en un vaso Collins helado. Vierta la sidra poco a poco y añada con cuidado los cubitos de hielo, para conservar las burbujas. Remate con el puré de fresas, que quedará flotando en la superficie, y adorne con la ramita de menta.

HIELO ESCANDINAVO

Cuanto mayor me hago, más me gusta el hinojo. Me gusta todo de la planta: la verdura, las semillas fragantes y el perfil aromático del polen. En este cóctel lo combino con aquavit, un licor tradicional escandinavo que se aromatiza con una mezcla de especias, como el comino. Los vermuts Dolin son ligeros, por lo que su versión seca es ideal para este cóctel.

50 ml de vermut Dolin seco

10 m de aquavit

10 ml de Sirope de polen de hinojo (véase abajo)

1 chorro de amargo de naranja

1 roca de hielo, para servir

hojas de hinojo y un espiral de limón, para la guarnición

SIROPE DE POLEN DE HINOJO (PARA UNOS 600 ML)

500 g de azúcar caster (extrafino)

10 g de polen de hinojo

Empiece por el sirope de polen de hinojo. Mezcle el azúcar y el polen en un cazo con 500 ml de agua y llévelo a ebullición. Baje a fuego medio y deje hervir poco a poco durante 30 minutos.

Cuele el sirope por un paño de muselina sobre una jarra y deseche el polen. Vierta el sirope en una botella de vidrio esterilizada (p. 78), ciérrela bien y métala en el frigorífico. Se conservará durante 1 semana.

Para el Hielo escandinavo, vierta todos los ingredientes, excepto el hielo, en un vaso Old Fashioned helado y remuévalos con una cuchara de bar. Añada la roca de hielo, remueva para que la bebida se enfríe y se diluya, y adorne el vaso con las hojas de hinojo y la espiral de limón.

BOLD SOUR DE CEREZA

Debemos este cóctel a Mark Ward, propietario de la fábrica de vermut australiano Regal Rogue. Su vermut Bold rojo no es tan dulce como otros vermuts rojos; de hecho, solo tiene 80 g de azúcar, lo que lo ubica en la categoría de vermuts semisecos. Esta receta es, básicamente, un vermut-sour donde he añadido zumo de cereza a la receta original de Mark.

60 ml de vermut rojo Regal Rogue Bold

30 ml de zumo de limón

10 ml de clara de huevo

5 ml de líquido de guindas al marrasquino, directamente del bote

cubitos de hielo, para agitar

espiral de naranja y guindas al marrasquino, para la guarnición

Introduzca todos los ingredientes en una coctelera y ponga el hielo encima. Agite la coctelera vigorosamente durante 10 segundos y cuele el contenido sobre una copa de vino pequeña helada. Adorne la bebida con la espiral de naranja y las guindas.

CYN CYN

Este cóctel es de una amiga mía, Camille Ralph Vidal, embajadora global de marca de St. Germain, un maravilloso licor de flor de saúco. El vermut extra seco de Noilly Prat es ideal, porque sus delicadas notas florales y el final de boca ligeramente salado armonizan a la perfección con el resto de ingredientes.

20 ml de vermut Noilly Prat extraseco
20 ml de ginebra Bombay Sapphire
10 ml de St. Germain
10 ml de Cynar
cubitos de hielo, para mezclar
1 espiral de naranja, para la guarnición

Mezcle todos los ingredientes en un vaso mezclador y ponga los cubitos de hielo encima. Remueva durante unos 20 segundos, para enfriar y diluir la bebida.

Cuele la bebida en una copa de champán helada y adórnela con la espiral de naranja.

ARMY, NAVY & THE MARINES

El cóctel Army & Navy clásico combina ginebra, zumo de limón y jarabe de orgeat, que tiene sabor a almendras. Se me ocurrió que sería estupendo darle una vuelta de tuerca a este clásico añadiéndole vermut y un poco de sal. De hecho, en The West Winds usan sal para producir la ginebra, así que combina muy bien. En cuanto al vermut, he usado Mancino secco, que es bastante seco y está aromatizado con hierbas mediterráneas que inundan el paladar.

20 ml de vermut Mancino secco
20 ml de ginebra The Broadside de The West Winds
20 ml de jarabe de orgeat
20 ml de zumo de limón
1 chorro de Solución salina (p. 77)
cubitos de hielo, para agitar
escamas de coco, para la guarnición

Ponga todos los ingredientes en la coctelera y corone con los cubitos de hielo. Agite vigorosamente la coctelera durante 10 segundos, cuele la bebida en una copa de cóctel helada y adórnela con las escamas de coco.

FRUIT CUP DE MELBOURNE

(imagen en la p. siguiente)

¿Qué sería de la primavera sin un Fruit Cup? La versión clásica de este cóctel se prepara con Pimm's, un aperitivo a base de ginebra y aromatizado con hierbas, pero también se puede preparar con ginebra y vermut, como hemos hecho aquí. Puede usar las marcas que prefiera, pero yo he optado por productos producidos en Melbourne, para lograr un Fruit Cup verdaderamente melburniano.

30 ml de vermut Maidenii Classic
30 ml de ginebra Melbourne Gin Company
45 ml de ginger ale Capi
45 ml de limonada Capi
cubitos de hielo
1 abanico de fresa y una hoja de albahaca, para la guarnición

Mezcle el vermut y la ginebra en un vaso Collins helado y añada poco a poco el ginger ale y la limonada.

Disponga los cubitos encima con cuidado, para conservar las burbujas, y adorne el vaso con el abanico de fresa y la hoja de albahaca.

JULEPE DE CEREZA

El clásico julepe de menta nos traslada automáticamente a las carreras de caballos y, en concreto, al Derby de Kentucky, en Estados Unidos. Las cerezas y el bourbon hacen muy buena pareja, pero son sabores contundentes y necesitan que el vermut que los acompañe sea igualmente potente. Y he aquí el vermut Antica Formula de Carpano: dulce, muy intenso y con mucha textura, que funciona a la perfección con licores intensos de todo el mundo.

45 ml de vermut Antica Formula de Carpano
45 ml de Bourbon de cereza (véase abajo)
8 hojas de menta
hielo picado
1 ramita de menta y azúcar glas, para la guarnición

BOURBON DE CEREZA (PARA UNOS 750 ML)

200 g de cerezas frescas, sin el hueso
700 ml de bourbon

Para el bourbon de cereza, meta las cerezas en un cuenco, aplástelas un poco y añada el bourbon. Cubra el cuenco y deje macerar durante 24 horas. Entonces, cuele el bourbon con un colador de malla fina sobre una botella de vidrio esterilizada (p. 78) y ciérrela bien. Mezcle las cerezas aplastadas con el mismo peso de Sirope de azúcar 2:1 (p. 77) y guárdelas en el congelador. Serán perfectas como guarnición de helados.

Prepare el julepe de cereza mezclando todos los ingredientes excepto el hielo en un vaso de julepe helado. Corone la bebida con hielo picado y agite vigorosamente con una cuchara de bar. Añada más hielo picado sobre la bebida y adórnela con la ramita de menta y azúcar glas espolvoreado.

Los Corpse Revivers son una familia de cócteles clásicos que contienen vermut y vino de quina.

Estas recetas son de Sebastian Raeburn, destilador, defensor de la industria y entusiasta de los cócteles.

CORPSE REVIVER #1

Una sencilla combinación de brandy, calvados y vermut dulce. El momento ideal para beberlo sería después de una comida copiosa y junto a una hoguera en una fresca tarde primaveral.

20 ml de vermut Maidenii dulce

30 ml de brandy

10 ml de calvados

cubitos de hielo, para mezclar

1 espiral de naranja, para la guarnición

Vierta todos los ingredientes en un vaso mezclador y corone con los cubitos de hielo. Remueva durante unos 20 segundos, para enfriar y diluir la bebida.

Cuele la bebida en una copa °Nick y Nora y adórnela con una espiral de naranja.

CORPSE REVIVER #2

Este cóctel apareció por primera vez en la edición de 1930 del *Savoy Cocktail Book* de Harry Craddock. Es una de esas bebidas que, sencillamente, funcionan y en la que los distintos sabores se distinguen a la perfección al tiempo que se combinan de un modo maravilloso. Un verdadero clásico y, en palabras del propio Harry Craddock: «Cuatro de estos, uno detrás del otro, resucitarían a un muerto». ¡Qué tiempos aquellos!

20 ml de vino de quina Maidenii

30 ml de ginebra Anther

20 ml de zumo de limón

20 ml de licor de naranja

5 ml de absenta

cubitos de hielo, para agitar

1 espiral de naranja, para la guarnición

Vierta todos los ingredientes en una coctelera y ponga los cubitos de hielo encima. Agite vigorosamente durante 10 segundos y cuele la bebida en una copa de cóctel helada. Adórnelo con la espiral de naranja.

CORPSE REVIVER
#AZUL

Y

Jacob Briars creó esta bebida y la lanzó a la fama internacional durante unos seminarios que celebramos juntos en Tales of the Cocktail en el año 2009. De hecho, Jacob ha entrado en establecimientos muy serios para pedir un Corpse Reviver número azul. Lamentablemente la mayoría de establecimientos formales no tienen el Curaçao Azul que se necesita para prepararlo. Menos mal que Jacob va siempre pertrechado con una petaca llena del licor azul para ocasiones como esas.

20 ml de vino de quina Maidenii
30 ml de ginebra Anther
20 ml de zumo de limón
20 ml de Curaçao Azul
5 ml de absenta
cubitos de hielo, para agitar
1 espiral de naranja, para la guarnición

Mezcle todos los ingredientes en una coctelera y acabe con los cubitos de hielo. Agite vigorosamente durante 10 segundos, cuele la bebida en una copa de cóctel helada y adórnela con una espiral de naranja.

VERANO

La estación más cálida del año exige incluir en los cócteles frutas tropicales y con hueso.

El calor suele venir acompañado de la deshidratación, por lo que prefiero bebidas con poco alcohol. Los cócteles de verano deberían ser divertidos, frívolos, fáciles de preparar y, sobre todo, refrescantes.

La temporada de verano es ajetreada en la vermutería. Es cuando acabamos las tinturas (o macerados de plantas) filtrándolas y combinándolas en tinturas maestras listas para fortificar el vino. También es cuando nos dedicamos a comprobar el estado de los viñedos con frecuencia a medida que se acerca el momento de la vendimia. El final del verano anuncia el principio de la vendimia y nos preparamos para recoger, prensar y fermentar.

SPRITZ DE ARÁNDANOS AZULES

(imagen en la p. siguiente)

El agraz (mosto ácido) de arándanos azules es mi ingrediente preferido en esta bebida, porque es tan versátil como fácil de hacer: está delicioso en el gin tonic y es extraordinario como aliño de ensaladas en sustitución del vinagre. En esta receta hemos usado un vermut que se elabora en el valle del Yarra, en la región de Victoria. Es bastante seco para ser un vermut y tiene unas deliciosas notas cítricas y el amargor de la quinina.

60 ml de vermut Causes & Cures blanco semiseco

60 ml de Agraz de arándanos azules (véase abajo)

5 ml de jarabe de arce canadiense

30 ml de prosecco

cubitos de hielo, para servir

arándanos azules frescos y 1 espiral de limón, para la guarnición

AGRAZ DE ARÁNDANOS AZULES (PARA UNOS 450 ML – 500 ML)

250 g de arándanos

500 ml de agraz

Lo primero es elaborar el agraz de arándanos azules, que habrá empezado la noche anterior metiendo los arándanos en el congelador. Mezcle los arándanos congelados y el agraz en un cuenco y déjelos macerar durante 12 horas.

Cuele el agraz con un colador de malla fina sobre una botella de vidrio esterilizada (p. 78) y deseche los arándanos azules. Cierre bien la botella y métala en el frigorífico. Se conservará durante 1-2 semanas.

Para el Spritz de arándanos azules, mezcle el vermut, el agraz y el sirope de arce en una copa tipo Borgoña helada y remueva con suavidad para mezclarlos bien. Añada con cuidado el prosecco y los cubitos de hielo, para conservar las burbujas. Sirva la copa adornada con arándanos azules frescos y una espiral de limón.

TÉ DE MELOCOTÓN HELADO

Siempre me ha gustado usar té en los cócteles, porque, a pesar de que todos proceden de la misma planta, la *Camellia sinensis*, la variedad de sabores es increíble. Aquí he usado té negro para elaborar el sirope. Al helar la maceración eliminamos muchos taninos y suavizamos el sabor del té, que queda ideal con el melocotón. He elegido el vermut de Casa Mariol, porque los Mariol usan más de 130 botánicos para elaborar sus vermuts, sabrosos y perfectos como acompañantes de frutas.

¾ de un melocotón fresco entero, sin el hueso y troceado bastamente

60 ml de vermut Casa Mariol blanco

15 ml de Sirope de té negro (véase abajo)

10 ml de zumo de limón

cubitos de hielo, para agitar

hielo picado, para servir

1 trozo de melocotón y 1 ramita de menta, para la guarnición

SIROPE DE TÉ NEGRO (PARA UNOS 500 ML)

40 g de hojas de té negro Darjeeling

200 g de azúcar caster (extrafino)

Para el sirope de té negro, ponga las hojas de té en un cuenco grande y añada 400 ml de agua filtrada helada. Deje macerar durante 1 hora, removiendo cada 10 minutos.

Cuele el sirope con un colador de malla fina y devuélvalo al cuenco. Añada el azúcar y remueva vigorosamente hasta que el azúcar se haya disuelto. Vierta el sirope en una botella de vidrio esterilizada (p. 78), ciérrela bien y métala en el frigorífico. Se conservará durante 1 semana.

Para el Té de melocotón helado, agite los trozos de melocotón en una coctelera hasta que se hayan convertido en pulpa. Añada el resto de ingredientes y corone con los cubitos de hielo. Agite vigorosamente durante 10 segundos y cuele la bebida sobre un vaso de julepe helado y lleno de hielo picado. Adórnelo con el trozo de melocotón y una ramita de menta.

EL APRICOTO

(imagen en la p. siguiente)

🍸

Lustau es, tradicionalmente, un productor de jerez, pero también produce vermut y este combina sobre todo Amontillado y un poco de Pedro Ximénez como vinos base. Decididamente dulce, este cóctel necesita un poco de sal y cítricos frescos para ayudar a equilibrar el azúcar. Llévelo un paso más allá sirviéndolo con almendras ahumadas. No me pregunte por qué, pero funciona.

45 ml de vermut Lustau rojo

15 ml de brandy de albaricoque

30 ml de zumo de pomelo rojo

10 ml de manzanilla

4 gotas de sustituto de huevo, como InstaFoam (p. 85)

1 chorrito de Solución salina (p. 77)

½ albaricoque

cubitos de hielo, para agitar

1 espiral de pomelo rojo, para la guarnición

almendras ahumadas, para servir

Introduzca todos los ingredientes excepto el hielo en una coctelera y agítela vigorosamente durante 10 segundos. Abra la coctelera, meta los cubitos, ciérrela y agítela de nuevo durante 10 segundos más.

Cuele la bebida en una copa de champán y adórnela con la espiral de pomelo. Sírvala acompañada de un platito de almendras ahumadas.

TÓNICA DE MORAS

▯

Causes & Cures elabora un vermut semiseco con uvas sangiovese biodinámicas del valle del Yarra, en Victoria. El vino lleva la voz cantante en este vermut, donde los botánicos son meros acompañantes. Al incluirlo en una sencilla mezcla con un poco de tónica y crema de moras se consigue una bebida larga perfecta para el verano. Un apunte sobre la crema de moras: compre la marca que compre, guarde la botella en el frigorífico. Los licores de bayas de baja graduación tienden a oxidarse y a cambiar de sabor si se dejan a temperatura ambiente durante demasiado tiempo.

50 ml de vermut Causes & Cures rojo semiseco

10 ml de crema de moras

100 ml de tónica

cubitos de hielo, para servir

moras frescas y 1 rodaja de limón, para la guarnición

Vierta el vermut y la crema de moras en un vaso largo helado y añada la tónica. Introduzca los cubitos de hielo poco a poco, para conservar las burbujas.

Adorne la bebida con moras frescas y la rodaja de limón.

VERMUT MARY

No hay nada mejor que un buen Bloody Mary por la mañana, ¿verdad? Si nos fijamos en el humilde tomate y en las hierbas que mejor funcionan con él, encontraremos muchas similitudes con el ADN botánico del vermut. Son muchos los vermuts secos que encajan bien en esta receta, pero mi preferido es el de Maidenii (por motivos obvios). Creo que la viscosa agua de tomate hace brillar de verdad el resto de elementos.

cubitos de hielo

60 ml de vermut Maidenii seco

100 ml de Agua de tomate especiada (véase abajo)

1 rodaja de pepino, jengibre encurtido y tabasco, para la guarnición

AGUA DE TOMATE ESPECIADA
(PARA UNOS 1,25 LITROS)

2 kg de tomates corazón de buey, sin los tallos

10 hojas de apio frescas

2 chiles ojo de pájaro rojos, sin los tallos

10 g de sal en escamas

20 ml de vinagre de Jerez

Para el agua de tomate especiada, introduzca todos los ingredientes en un robot de cocina y tritúrelos hasta que el puré sea homogéneo.

Forre el interior de un colador de malla fina con un paño de muselina y suspéndalo sobre un cuenco grande. Vierta el puré de tomate sobre el colador y déjelo reposar durante 2 horas, para que el agua se cuele poco a poco. Vierta el agua de tomate en una botella de vidrio esterilizada (p. 78), ciérrela bien y métala en el frigorífico. Se conservará durante 1 semana. Reserve la pulpa del tomate para preparar salsa de tomate.

Para el Vermut Mary, llene un vaso alto con cubitos de hielo. Añada el vermut y el agua de tomate y remueva. Adórnelo con la rodaja de pepino y añada un poco de jengibre encurtido y unas gotas de tabasco antes de servir.

BUCK DE MANGO

(imagen en la p. siguiente)

Para mí, nada anuncia el verano mejor que el aroma a mango maduro. Tengo unos recuerdos de infancia maravillosos en los que hacía todo lo posible para arrancar hasta el último trocito de pulpa de la piel, proceso durante el que el jugo acababa chorreándome por la barbilla. Si puede conseguirlos, los mangos Kensington Pride son una de mis variedades preferidas y funcionan increíblemente bien con las notas más especiadas del vermut seco de Maidenii.

60 ml de Maidenii al mango (véase abajo)

90 ml de cerveza de jengibre

cubitos de hielo, para servir

1 cuña de lima y 1 rodaja de mango, para la guarnición

MAIDENII AL MANGO (PARA UNOS 750 ML)

1 mango fresco

750 ml de vermut Maidenii seco

Para el Maidenii al mango, corte la piel y la pulpa del mango y deseche el hueso. Introduzca la piel y la pulpa del mango y el vermut en una bolsa sellable (preferiblemente al vacío) y déjelo macerar durante 12 horas o durante toda una noche.

Pase el vermut por un colador de malla fina y viértalo en un botella de vidrio esterilizada (p. 78), ciérrela bien y métala en el frigorífico. Se conservará durante 2 semanas.

Para el Buck de mango, vierta el Maidenii al mango en un vaso alto y añada la cerveza de jengibre. Agregue los cubitos de hielo para conservar las burbujas y adorne el vaso con la cuña de lima y la rodaja de mango antes de servir.

CLOVER CLUB INVERTIDO

Este cóctel es de un amigo mío, Edward Quatermass, el hombre detrás de la barra de Maker, en Brisbane. El cóctel Clover Club clásico es una bebida deliciosa en la que hay una proporción mayor de ginebra y menor de vermut. Aquí, las proporciones se han invertido y hemos usado la ginebra de nuestros amigos de Four Pillars, que maceran uvas syrah en su ginebra para preparar la Four Pillars Syrah. Nuestro vermut seco es el complemento perfecto, ya que ambas bebidas comparten muchos botánicos.

40 ml de vermut Maidenii seco

20 ml de ginebra Four Pillars Syrah

20 ml de zumo de limón

10 ml de Sirope de azúcar 2:1 (p. 77)

4 frambuesas frescas

10 ml de clara de huevo

1 chorro de Solución salina (p. 77)

cubitos de hielo, para agitar

frambuesas frescas ensartadas en un palillo, para la guarnición

Introduzca todos los ingredientes excepto el hielo en una coctelera y agítela vigorosamente durante 10 segundos. Ábrala, meta los cubitos, ciérrela y agítela de nuevo durante 10 segundos más.

Cuele la bebida en una copa de champán helada y adórnela con las frambuesas ensartadas en un palillo.

POMPIER

HUGH LEECH

El Pompier ('bombero', en francés) es la respuesta gala al Aperol Spritz. Es un aperitivo elegante y completamente francés que combina el frescor con una maravillosa tonalidad rosa. Aunque el origen del nombre se ha perdido, este cóctel apareció por primera vez en los populares cafés de estilo parisino en el Nueva York de la década de 1930, tras la derogación de la ley seca. La combinación de la fantástica complejidad botánica del vermut y de las brillantes notas frutales del cassis es una grata sorpresa en el mundo de los aperitivos.

45 ml de vermut Maidenii seco

15 ml de cassis Marionette

60 ml de agua carbonatada (soda)

cubitos de hielo, para servir

1 cuña de limón, para la guarnición

Mezcle el vermut y el cassis en un vaso alto y luego añada el agua carbonatada.

Añada poco a poco los cubitos de hielo, para conservar las burbujas, y adorne el vaso con la cuña de limón.

BRONX

SEBASTIAN RAEBURN

En la década de 1920, aproximadamente el momento en que este cóctel saltó a la fama, las naranjas no se maduraban con gas en almacenes refrigerados como se hace ahora: tenían los azúcares, ácidos y vitaminas necesarios para que este cóctel hiciera cantar a los ángeles. He experimentado con naranjas maduradas en el árbol y recién cogidas y no hay color si se las compara con las naranjas compradas en la tienda.

15 ml de vermut Dolin rojo

15 ml de vermut Dolin seco

40 ml de ginebra Anther

20 ml de zumo de naranja recién exprimido

cubitos de hielo, para agitar

1 espiral de naranja, para la guarnición

Introduzca todos los ingredientes en una coctelera y añada por último los cubitos de hielo. Agite la coctelera vigorosamente durante 10 segundos y cuele la bebida en una copa de champán helada. Adórnela con la espiral de naranja.

MARTINI DE LICHIS Y ALGO MÁS

Y

He visto muchas recetas para elaborar Martinis de lichis, que incluyen desde vodka de lichis con vermut hasta versiones sin alcohol que usan el jugo de la lata de lichis y cítricos frescos. Soy un fan del agraz, que en esta receta funciona perfectamente y compensa el dulzor del sirope de lichi. Un comentario acerca de los lichis en lata: no todos son iguales, así que le aconsejo que pruebe distintas marcas hasta que encuentre la que más le guste. El vermut Regal Rogue funciona bien aquí y es un buen contrapunto para las notas frutales del cóctel.

30 ml de vermut Regal Rogue Daring seco

30 ml de vodka

20 ml de sirope de lichis enlatados

10 ml de agraz

5 ml de Sirope de azúcar 2:1 (p. 77)

cubitos de hielo, para mezclar

1 espiral de limón y lichis en un palillo, para la guarnición

Introduzca todos los ingredientes en un vaso mezclador y añada los cubitos de hielo. Agítelo durante 20 segundos, para enfriar y diluir la bebida.

Cuele la bebida en una copa de cóctel helada y adórnela con la espiral de limón y el palillo con lichis.

OTOÑO

Manzanas, granadas y membrillos: ¡genial! Estos son solo tres de mis sabores preferidos, porque es muy fácil asociarlos a la estación y son un complemento fresco para los días más cálidos de otoño.

Los sabores otoñales más consistentes también funcionarán bien con ingredientes más especiados en las tardes más frías.

La vendimia se prolonga durante todo el otoño en la vermutería, con la fermentación, la mezcla y la maduración. También es el momento en el que fortificamos los vinos con las tinturas maestras, para transformarlos en vermuts. Este es, muy posiblemente, el periodo del año en que estamos más ocupados y a Gilles no le gusta nada que me tome días libres.

SPIDER DE GINEBRA DE ENDRINAS

(imagen en la p. siguiente)

[🥃]

De pequeño me encantaban los Spiders, porque eran la combinación perfecta: refresco y helado. A medida que fui creciendo, los Spiders empezaron a incluir alcohol y, cuando comencé a producir vermut, también acabó pasando a formar parte de estos cócteles refrescantes. El vermut seco de Castagna funciona a la perfección, porque sus elementos salados compensan el dulzor. El té matcha espolvoreado por encima es imprescindible, ya que es el ingrediente que ayuda a cohesionar a todos los demás.

30 ml de vermut Castagna Classic seco
30 ml de ginebra de endrinas Sipsmith Sloe
50 ml de sidra de manzana
50 ml de limonada
1 bola de helado de vainilla, para servir
té matcha en polvo, para la guarnición

Mezcle el vermut y la ginebra en un vaso Collins helado. Añada poco a poco la sidra y la limonada y corone la bebida con la bola de helado de vainilla. Remueva con cuidado, para mezclar los ingredientes, y remate con el té matcha espolvoreado por encima.

KUNZEA POMIFERA

[🍸]

El vermut seco de Adelaide Hills Distillery es muy interesante y aromático. Tiene la percepción de dulzor y, sin embargo, es bastante seco: solo contiene 7 g de azúcar residual por litro. Decidí usar este vermut en el cóctel por sus matices de miel y de acacia, que ayudan a realzar el sabor a «tarta de manzana» de los arándanos australianos (¡Por algo reciben también el nombre de manzanas emúes!)

60 ml de vermut Adelaide Hills Distillery seco
2 cucharadas de mermelada de arándanos australianos (p. 72)
15 ml de zumo de limón
15 ml de clara de huevo
cubitos de hielo, para agitar
manzana deshidratada, para la guarnición

Introduzca todos los ingredientes, a excepción del hielo, en una coctelera y agítela vigorosamente durante 10 segundos. Abra la coctelera, introduzca los cubitos de hielo y vuelva a agitarla durante 10 segundos más.

Cuele la bebida en una copa de champán helada y adórnela con una rodaja de manzana deshidratada.

TÓNICA DE ANTEROS

Anteros era el dios griego del amor correspondido y vengador del no correspondido, y yo soy un apasionado del Chinato y un enamorado del Barolo Chinato. El Barolo Chinato de Cocchi es un ejemplo maravilloso y funciona realmente bien en este cóctel tan sencillo. Disfrútelo acompañado de un poco de chocolate amargo, que lo ayudará a equilibrar el dulzor de la bebida.

45 ml de Barolo Chinato de Cocchi
5 ml de granadina
5 ml de amaretto
1 chorrito de amargo de naranja
1 roca de hielo
1 cuña de naranja, para la guarnición
1 onza de chocolate negro, para servir

Introduzca todos los ingredientes, excepto el hielo, en un vaso Old Fashioned helado y remueva para combinarlos. Añada una roca de hielo y vuelta a remover, durante 30 segundos, para enfriar y diluir la bebida.

Adorne el vaso con la cuña de naranja y sirva la bebida acompañada de una onza de chocolate negro.

SOUR DE MEMBRILLO

Andy Griffiths, un amigo mío, me preparó dulce de membrillo el año pasado y lo encontré tan delicioso que me inspiró este cóctel. El vermut Castagna bianco tiene un maravilloso aroma a miel, que el chorrito de agua de rosas realza todavía más.

45 ml de vermut Castagna bianco
2 cucharadas de dulce de membrillo
15 ml de zumo de limón
5 ml de amaretto
1 chorrito de agua de rosas
4 gotas de sustituto de huevo, como InstaFoam (p. 85)
cubitos de hielo, para agitar
nueces encurtidas, para la guarnición

Introduzca todos los ingredientes, excepto el hielo, en una coctelera y agítela vigorosamente durante 10 segundos. Ábrala, añada el hielo, ciérrela y vuelva a agitarla durante 10 segundos más.

Cuele la bebida en una copa de champán helada y adórnela con las nueces encurtidas.

EL FUNERAL DEL VERANO

Este fue el primer cóctel con Maidenii, allá en 2012. El vermut Maidenii Classic funciona muy bien con los sabores otoñales de la granada y de la manzana. Sobre todo, invierta en una granada fresca en lugar del sirope de azúcar rojo y, aunque el guirlache no es obligatorio, lo cierto es que es un bocado delicioso con el que acompañar este cóctel en una fresca noche de otoño.

30 ml de vermut Maidenii Classic
30 ml de calvados
15 ml de granadina
2 chorritos de angostura
1 roca de hielo
1 abanico de manzana, para la guarnición
guirlache de nueces de macadamia, para servir (p. 73)

Introduzca todos los ingredientes, excepto el hielo, en un vaso Old Fashioned helado y remueva para combinarlos. Añada la roca de hielo y remueva brevemente, para enfriar y diluir la bebida.

Adorne el vaso con el abanico de manzana y sirva la bebida acompañada del guirlache de nueces de macadamia.

NICK CREE QUE LA CLAVE DEL GOOD MORNING! ES EL SIROPE DE
△ ACACIA, QUE REALZA LAS NOTAS MÁS ESPECIADAS DEL VERMUT.

GOOD MORNING!

(imagen en la p. siguiente)

Es muy posible que esta sea la mejor manera de empezar el día: vermut, café y un sándwich de beicon. El café y el sirope de acacia de la receta realzan significativamente las notas más especiadas del vermut.

45 ml de Barolo Chinato de Cocchi
5 ml de sirope de acacia (p. 64)
45 ml de café frío (véase abajo)
cubitos de hielo, para servir
1 sándwich de beicon, para servir

CAFÉ FRÍO (PARA 1 LITRO)

75 g de café en grano recién molido
1 litro de agua filtrada helada

Para el café frío, mezcle el café molido y el agua fría en un cuenco. Tápelo y deje macerar durante 12 horas.

Forre un colador de malla fina con un paño de muselina y suspéndalo sobre un cuenco grande o una jarra. Cuele el café frío en el cuenco y deseche el marro. Vierta el café en una botella de vidrio esterilizada (p. 78), ciérrela bien y métala en el frigorífico. Se conservará durante 1 semana.

Para preparar el Good Morning!, mezcle todos los ingredientes, excepto el hielo, en una taza de té helada. Añada los cubitos de hielo y sirva la bebida acompañada de un sándwich de beicon.

SWIZZLE AHUMADO

Los cócteles sencillos a base de vermut y con pocos ingredientes también pueden tener un sabor complejo. Supongo que es por los distintos botánicos que se usan para elaborar el vermut y qué notas de la combinación de botánicos se acentúan en función del modificador elegido. Aquí, Edward Quatermass usa el yuzu para destacar la lima kafir del vermut, mientas que la miel realza las especias.

60 ml de vermut Maidenii seco
15 ml de zumo de yuzu
5 ml de miel ahumada
hielo picado
1 lámina de panal de abeja y 1 rama de canela quemada, para la guarnición

Vierta todos los ingredientes en un vaso de julepe helado, acabando con el hielo picado. Mézclelo todo vigorosamente con una cuchara de bar.

Añada más hielo picado y adorne la bebida con la lámina de panal y una rama de canela quemada.

SLOW BYRNE

SAM CURTIS

Este cóctel se creó durante una sesión de Wild Harvest, un evento para promocionar y celebrar la comida y los ingredientes australianos. Esa noche en concreto, Maidenii se encargó de todos los maridajes de bebidas. El equipo y yo decidimos crear un cóctel de aperitivo usando partes iguales de ginebra Brookie's Slow de la Cape Byron Distillery (que se elabora con davidsonias australianas) y de vermut Maidenii seco y dulce. Lo que empezó como una especie de Wet Martini inverso acabó convirtiéndose en un Negroni modificado y lo nombramos en honor a la ginebra Slow y al cómplice de Maidenii, Shaun Byrne. Idealmente, la guarnición de este cóctel debería ser una hoja de eucalipto fresa, si puede encontrarla.

30 ml de vermut Maidenii seco

30 ml de vermut Maidenii dulce

30 ml de ginebra Brookie's Slow

cubitos de hielo, para mezclar

1 roca de hielo, para servir

1 hoja de eucalipto fresa, para la guarnición

Introduzca todos los ingredientes en un vaso mezclador, acabando con los cubitos de hielo. Remueva durante unos 20 segundos, para enfriar y diluir la bebida.

Ponga una roca de hielo en un vaso Old Fashioned helado y cuele el cóctel por encima. Adorne la bebida con una hoja de eucalipto fresa.

DESAYUNO EN OTOÑO

ANDY GRIFFITHS

Este reconstituyente con poco alcohol, brillante y con textura es el acompañamiento perfecto para un *brunch* que despierte el paladar. Las notas ligeramente amargas y los singulares botánicos del vermut Maidenii seco combinan extraordinariamente bien con los ingredientes cítricos y florales. La clara de huevo aporta una deliciosa textura aterciopelada y la bebida está ligeramente condimentada con sal.

60 ml de vermut Maidenii seco

25 ml de zumo de manzana prensado en frío

15 ml de Sirope de camomila (véase abajo)

5 ml de clara de huevo

2 chorritos de Solución salina (p. 77)

2 chorritos de Solución cítrica (p. 77)

cubitos de hielo, para agitar

1 oliva pinchada en un palillo, para la guarnición

SIROPE DE CAMOMILA (PARA UNOS 300 ML)

10 g de flores de camomila secas

300 g de azúcar caster (extrafino)

Para preparar el sirope de camomila, ponga 300 ml de agua en un cazo y llévela a ebullición. Añada la camomila seca, reduzca a fuego medio y hierva lentamente durante 2 minutos.

Cuele el agua con un colador de malla fina en un cuenco o cazo limpios y deseche las flores. Añada el azúcar y remueva bien hasta que se haya disuelto. Viértalo en una botella de vidrio esterilizada (p. 78), ciérrela bien y métala en el frigorífico. Se conservará durante 1 semana.

Para el Desayuno en otoño, meta todos los ingredientes excepto el hielo en una coctelera y agítela vigorosamente durante 10 segundos. Abra la coctelera, añada los cubitos, vuélvala a cerrar y agítela de nuevo durante 10 segundos más.

Cuele la bebida en una copa de champán helada y adórnela con una oliva pinchada en un palillo.

CASABLANCA

(imagen en la p. siguiente)

Ideé este cóctel en 2014, cuando descubrimos que la frutería local vendía cúrcuma fresca. Si no la ha usado nunca, le parecerá increíble la cantidad de sabor, de especia y de color que aporta. Serví este cóctel en mi boda, este año, y fue, sin la menor duda, el más popular de la fiesta.

30 ml de vermut Maidenii dulce

30 ml de ginebra The Botanist

30 ml de Tisana de cúrcuma (véase abajo)

15 ml de zumo de lima

45 ml de agua carbonatada (soda)

cubitos de hielo, para servir

1 ramita de menta vietnamita, para la guarnición

TISANA DE CÚRCUMA (PARA UNOS 400 ML)

60 g de raíz de cúrcuma fresca

300 g de azúcar caster (extrafino)

30 g de hojas de menta

Empiece por la tisana de cúrcuma. Pele y ralle la cúrcuma (póngase guantes o acabará con los dedos de un naranja fosforito). Añada el azúcar a un cuenco grande con 300 ml de agua caliente y remueva hasta que se haya disuelto. Añada la cúrcuma rallada y las hojas de menta, tape el cuenco y deje infusionar durante 1 hora.

Cuele el sirope con un colador de malla fina en una botella de vidrio esterilizada (p. 78), ciérrela bien y métala en el frigorífico. Se conservará durante 1 semana.

Para el Casablanca, mezcle todos los ingredientes, excepto el agua carbonatada y el hielo, en un vaso Collins helado. Añada poco a poco el agua carbonatada y luego los cubitos de hielo, con cuidado, para conservar las burbujas. Sirva la bebida adornada con un tallo de menta vietnamita.

EL SUBCONTINENTAL

SAMUEL NG

Basada en el clásico moderno London Calling, esta versión aprovecha las contundentes notas de cardamomo de la Negroni Spiced y añade hojas de curry frescas para aportar un brillante toque especiado. El cóctel debe su nombre al lugar de procedencia de las hojas de curry y de muchos otros botánicos: el subcontinente indio.

20 ml de vermut Maidenii seco

45 ml de ginebra Spiced Negroni de Four Pillars

25 ml de zumo de limón

5 ml de sirope de azúcar 2:1 (p. 77)

1 chorrito de *bíter* de naranja

4 hojas de curry frescas

cubitos de hielo, para agitar

Introduzca todos los ingredientes en una coctelera, acabando por los cubitos de hielo. Agítela vigorosamente durante 10 segundos y cuele el contenido en una copa de champán helada. Adórnela con una hoja de curry.

INVIERNO

Las temperaturas caen y nos invitan a tomar bebidas más fuertes, intensas y, en ocasiones, incluso calientes.

Abundan los sabores a tierra, refrescados por los cítricos de temporada. Me encantan las naranjas de invierno y, en esta época del año, también hay trufas. Las especias más intensas, como la nuez moscada, la canela y la pimienta de Jamaica, son perfectas para dotar de profundidad a las bebidas.

En la vermutería, el invierno marca el final del ciclo de producción. El proceso de mezcla termina y embotellamos el vermut. También es ahora cuando volvemos a iniciar el ciclo y elegimos los botánicos que vamos a macerar.

RADICCHIO SPRITZO

(imagen en la p. siguiente)

Es muy posible que la amarga achicoria roja no sea lo primero que le venga a la mente cuando piensa en la guarnición de un spritz, pero lo cierto es que funciona increíblemente bien en este cóctel, donde realza las notas cítricas del Mancino.

45 ml de vermut Mancino Bianco Ambrato

10 ml de licor de naranja

5 ml de licor Suze

60 ml de agua carbonatada

cubitos de hielo, para servir

1 hoja de achicoria roja enrollada, para la guarnición

Introduzca todos los ingredientes, excepto el agua carbonatada, en una copa de vino helada y remueva para mezclarlos. Añada poco a poco el agua carbonatada y luego los cubitos de hielo, con cuidado, para conservar las burbujas. Adorne la copa con una hoja de achicoria roja enrollada.

AMERICANO EXPRIMIDO

Se trata de un cóctel muy simple y refrescante que se prepara con un sorbete de cítricos, que es una especie de cordial aromático. El proceso de la elaboración del sirope incluye un *oleo-saccharum*, que significa 'aceite de azúcar' en latín. Combinar la ralladura y el azúcar permite que este último extraiga los aceites de la ralladura y adquiera acidez. El Cocchi Americano encaja a la perfección, porque la intensidad de su raíz de genciana compensa la acidez del pomelo.

60 ml de vermut Cocchi Americano

30 ml Sorbete de cítricos (p. 54)

15 ml de agraz

60 ml de agua carbonatada (soda)

cubitos de hielo, para servir

cuña de pomelo, para la guarnición

Mezcle el vermut, el sorbete y el agraz en un vaso largo y añada poco a poco el agua carbonatada. Finalmente, añada con cuidado los cubitos de hielo para conservar las burbujas y adorne el vaso con la cuña de pomelo antes de servir.

HOT TODDY NEOYORQUINO

LOUDON COOPER

Esta bebida se me ocurrió en pleno invierno, mientras preparaba un *hot toddy* (ponche caliente) tras otro. En aquella época usaba muchas especias secas (tanto directamente como en forma de sirope) para aportar un sabor profundo e invernal a la bebida. Una noche, preparé tantos que me quedé sin sirope de especias y tuve que ingeniármelas para sustituirlo. Al final, decidí cruzar un Manhattan, un New York Sour y un Hot Toddy y obtuve un resultado muy interesante. Soy algo obsesivo con la cuestión de usar productos locales, así que Maidenii fue una elección obvia, además de una fuente fantástica de sabores y aromas locales.

20 ml de vermut Maidenii Classic

45 ml de whisky de centeno

15 ml de zumo de limón

10 ml de Sirope de miel (p. 77)

ralladura de piel de limón y anís estrellado, para la guarnición

Vierta todos los ingredientes en una taza de té y remueva, para mezclarlos. Caliente la taza en el microondas a máxima potencia durante 30 segundos o hasta que esté caliente.

Añada la guarnición de ralladura de limón y anís estrellado.

DR. TEQUILA

Dicen que consumir miel con moderación es bueno para la salud. Cuando se trata de miel del árbol del cuero (*leatherwood honey*, una maravillosa miel aromática de Tasmania), una pequeña cantidad da para mucho. Es fantástica en cócteles como este, donde el vino de quina Maidenii se combina con las notas vegetales del tequila, con el ácido del cítrico y con la miel, especiada y floral.

20 ml de vino de quina Maidenii

20 ml de tequila

60 ml de zumo de naranja

1 cucharadita de miel del árbol del cuero

cubitos de hielo, para agitar

1 ramita de tomillo, para la guarnición

Introduzca todos los ingredientes, terminando con los cubitos de hielo, en una coctelera. Agítela vigorosamente durante 10 segundos y cuele el contenido en una copa de champán helada. Adórnela con la ramita de tomillo.

DRY & DRY

SEBASTIAN COSTELLO

Cuando mi hermano, su novia (ahora ya su esposa) y yo terminábamos los exámenes de verano en la Universidad de Melbourne, solíamos ir a un restaurante llamado Jimmy Watson a comprar un par de botellas para llevar de dry & dry: sacaban una botella vacía del frigorífico, llenaban una tercera parte con el vermut seco de la casa y el resto con una mezcla de ginger ale seco. Entonces, envolvían la botella en papel y nos la bebíamos a la sombra de un árbol. Desde entonces, es mi primera elección como primera bebida del día o para empezar la tarde de un modo relajado.

45 ml de vermut Maidenii seco
90 ml de ginger ale seco
cubitos de hielo, para servir
1 cuña de naranja, para la guarnición
cacahuetes en su cáscara, para servir

Vierta el vermut en un vaso largo helado y vierta el ginger ale poco a poco. Luego añada los cubitos de hielo con cuidado, para conservar las burbujas, adorne el vaso con la cuña de naranja y sirva la bebida acompañada de un cuenco de cacahuetes en su cáscara.

CÓCTEL DE PÉRIGORD

🍸

La región francesa de Périgord es el hogar de varias cosas pecaminosas, como el foie-gras y las trufas, y este cóctel captura la esencia de ese exceso. El Maidenii Nocturne es un vino amargo, parecido al amaro, con solo una base de vino. Uno de los botánicos principales que contiene son las trufas del valle del Yarra, que encajan con la sensación en boca del producto y dan al vermut una buena base sobre la que construir el resto de sabores.

10 ml de vermut Maidenii Nocturne

30 ml de Brandy de foie-gras (véase abajo)

cubitos de hielo, para mezclar

trufa negra fresca laminada, para la guarnición

foie-gras y brioches, para servir

BRANDY DE FOIE-GRAS (PARA UNOS 150 ML)

100 g de foie-gras de buena calidad

150 ml de coñac muy añejo (XO como mínimo)

Empiece por preparar el brandy de foie-gras. Soase el foie-gras en una sartén a fuego medio-alto durante 5 minutos, para extraer la grasa.

Vierta la grasa del foie-gras y el coñac en un cuenco y deseche los sólidos. Cubra el cuenco y refrigere durante 12 horas o hasta el día siguiente.

Cubra un colador de malla fina con un paño de muselina y suspéndalo sobre un cuenco grande. Vierta el coñac y deje que se cuele por el paño. Cuando haya terminado, pase el brandy de foie-gras a una botella de vidrio esterilizada (p. 78), ciérrela bien y métala en el frigorífico. Se conservará durante 2 semanas.

Para el Cóctel de Périgord, introduzca todos los ingredientes en un vaso mezclador, acabando con los cubitos de hielo. Remueva durante unos 20 segundos, para enfriar y diluir la bebida.

Cuele la bebida en un vaso Nick y Nora y adórnela con una lámina de trufa negra fresca. Sírvala acompañada de foie-gras y brioches.

LA ÚLTIMA PIEZA DEL ROMPECABEZAS DE «LA TENTACIÓN DE
EVA» ES LA MANTEQUILLA DE CHOCOLATE, QUE HACE QUE
△ LA BEBIDA PASE DE SER BUENA A INCREÍBLE – TRISH BREW

LA TENTACIÓN DE EVA

(imagen en la p. anterior)

 TRISH BREW

Creé este cóctel para el evento promocional de invierno del Bombay Sapphire Project Botanicals. Me asignaron el amomo, o granos del paraíso, que debía usar como punto de partida para crear un cóctel. Cuando empecé a investigar sobre esta especia, descubrí que la usaban en el hipocrás, un vino especiado que se puede servir caliente. ¿Sabe qué otra cosa es un vino especiado? Exacto: el vermut. Así que decidí combinar ambas cosas, darles un toque de frescor con cerveza de jengibre y calentar el resultado en el microondas. Un consejo: no escatime con la mantequilla de chocolate.

30 ml de vermut Maidenii Classic

30 ml de ginebra Bombay Sapphire

30 ml de cerveza de jengibre

1 lámina de 5 mm de Mantequilla de chocolate, para la guarnición (véase abajo)

MANTEQUILLA DE CHOCOLATE (PARA UNOS 280 G)

250 g de mantequilla con sal

20 g de cacao Valrhona en polvo

20 g de azúcar moreno fino

Para la mantequilla de chocolate, deje que la mantequilla alcance la temperatura ambiente y añada el cacao en polvo y el azúcar, amasando con un tenedor hasta que obtenga una pasta homogénea.

Pase la mantequilla al centro de un trozo de papel film y enróllelo con forma de tronco. Métalo en el frigorífico hasta que lo necesite. La mantequilla se conservará en el frigorífico durante 1 semana.

Prepare La tentación de Eva vertiendo todos los ingredientes en una taza de té y removiendo para mezclarlos bien. Caliente la taza en el microondas a máxima potencia durante 30 segundos o hasta que esté caliente.

Añada una rodaja de la mantequilla de chocolate como guarnición y sirva inmediatamente.

SCOFFLAW

JAMES CONNOLLY

Esta es la primera bebida agitada con vermut de la que me enamoré y aún recuerdo la primera vez que la probé: estaba en un bar llamado Low 302, en Sídney, y el barman, Rory, me preparó uno porque le había pedido «algo con centeno». ¡Ese día se convirtió en una de mis bebidas preferidas hasta la fecha! Esta es mi versión.

15 ml de vermut Noilly Prat seco

45 ml de whisky de centeno

15 ml de granadina

25 ml de zumo de limón

3 chorritos de amargos de naranja

cubitos de hielo, para la guarnición

1 espiral de limón, para la guarnición

Meta todos los ingredientes en una coctelera, acabando con el hielo. Agítela vigorosamente durante 10 segundos y cuele la bebida en una copa de champán helada y adornada con una espiral de limón.

FLAPJACKET #2

CHRIS HYSTED-ADAMS

Este cóctel apareció en la primera carta que lanzamos en nuestro bar, The Attic, encima del Black Pearl, en Melbourne. En aquella época, queríamos ofrecer cócteles extraordinariamente sabrosos y bajos en alcohol y, en este caso, el Dolin rouge nos atrajo por su estructura delicada y por su sabor redondo. Usamos orgeat para realzar el sabor en boca y *bíter* de naranja para aumentar la complejidad. Cuando el hielo se empieza a fundir en el líquido, el vermut se combina con los taninos del té.

60 ml de vermut Dolin rouge

7 ml de orgeat

2 chorritos de *bíter* de naranja

3-4 cubitos de Cubitos de té Russian Caravan (véase abajo)

1 pulverización de whisky escocés Laphroaig, para la guarnición

CUBITOS DE TÉ RUSSIAN CARAVAN

50 g de hojas de té caravana rusa

1 litro de agua filtrada

Para elaborar los cubitos de té, macere durante 1 hora las hojas de té en un cuenco lleno de agua filtrada.

Cuele el agua de la maceración con un colador de malla fina y deseche las hojas. Vierta cuidadosamente el té en cubiteras y métalas en el congelador.

Para el Flapjacket #2, mezcle todos los ingredientes en un rocks glass helado y remueva bien. Añada los cubitos de té Russian Caravan y remueva con suavidad durante 10 segundos. Antes de servir, añada una pulverización de Laphroaig ahumado.

SANGRE Y ARENA

SEBASTIAN RAEBURN

Esta locura de bebida se creó para el estreno de la película de cine mudo *Sangre y arena* en 1922. Estaba inspirado en el libro homónimo de Vicente Blasco Ibáñez (1908) y narraba la historia del auge y la caída de un torero. No se sabe de quién fue la idea original de la bebida y la receta no apareció impresa hasta 1930, cuando se incluyó en el *Savoy Cocktail Book*.

20 ml de vermut Martini Riserva Rubino

20 ml de whisky escocés blend

20 ml de licor de cereza

20 ml de zumo de naranja recién exprimido

cubitos de hielo, para agitar

1 espiral de naranja, para la guarnición

Mezcle todos los ingredientes, excepto el hielo, en una coctelera y añada entonces los cubitos de hielo. Agite vigorosamente durante 10 segundos y cuele la bebida en una copa de champán helada. Adórnela con la espiral de naranja.

BENEATH THE FASCINATOR

NICK TESAR

Este cóctel es una variación del clásico Martini ahumado y ganó el primer premio de maridaje de comida y bebida del concurso australiano Be Braver With Flavour de Diageo. Se maridó con un plato de caballa en un caldo de chiles y mejillones, con un crujiente de patata púrpura Congo, con sal y vinagre. El almidón de la ginebra amplificó el sabor del caldo de mejillones y los elementos ahumados del yodo del whisky quedaron por encima del pescado.

10 ml de Vermouth di Torino de Cocchi

40 ml de Ginebra de patata sin almidón (véase abajo)

10 ml de whisky escocés ahumado

cubitos de hielo, para mezclar

1 espiral de limón, para la guarnición

GINEBRA DE PATATA SIN ALMIDÓN (PARA UNOS 700 ML)

70 g de patatas púrpura Congo

700 ml de ginebra Tanqueray No. 10

Para preparar la ginebra de patata sin almidón, corte las patatas en láminas finas con una mandolina. Enjuáguelas bien bajo agua corriente fría y sumérjalas en la ginebra, que habrá vertido en un cuenco grande. Cubra el cuenco y deje macerar durante 1 hora.

Cuele la ginebra con un colador de malla fina sobre una botella de vidrio esterilizada (p. 78) y deseche las patatas. Cierre bien la botella y métala en el frigorífico. Se conservará durante 2 meses.

Prepare el Beneath The Fascinator mezclando todos los ingredientes en un vaso mezclador, acabando con los cubitos de hielo. Deje que la bebida se enfríe y se diluya durante unos 20 segundos.

Cuele la bebida en un vaso Nick y Nora helado y adórnelo con la espiral de limón.

INCITATION COCKTAIL

NICK TESAR

Este cóctel se diseñó para la inauguración del ambicioso restaurante Lûmé, en Melbourne. Es una bebida repleta de sabor y con poco alcohol, concebida para despertar los sentidos antes de la cena. El cóctel original se preparaba sumergiendo el cilantro en nitrógeno líquido y se servía con un gajo de humeante mandarina congelada en seco, pero aquí presentamos una versión simplificada.

30 ml de vermut Maidenii seco

30 ml de amaro

30 ml de *Shrub* de mandarina (véase abajo)

4 hojas y 1 ramita de cilantro para la guarnición

cubitos de hielo, para agitar

«SHRUB» DE MANDARINA (PARA UNOS 800 ML)

750 g de mandarinas enteras

750 ml de azúcar caster (extrafino)

750 ml de agraz

Para preparar el *shrub*, pele las mandarinas y reserve tanto la piel como la pulpa.

Mezcle el azúcar, el agraz, la pulpa y la piel de mandarina en una bolsa de plástico sellable (idealmente, al vacío). Selle la bolsa, agítela bien y masajee la superficie para disolver el azúcar y aplastar la fruta. Deje macerar durante 48 horas y pase la mezcla por un chino o por un colador de malla muy fina sobre una jarra. Presione la fruta para extraer tanto jugo como sea posible.

Vierta el *shrub* en una botella esterilizada (p. 78), ciérrela bien y métala en el frigorífico. Se conservará durante 1 mes.

Para elaborar el Incitation Cocktail, mezcle todos los ingredientes excepto el hielo en una coctelera. Añada los cubitos de hielo y agite vigorosamente durante 10 segundos. Cuele la bebida en una copa de champán helada y adórnela con la ramita de cilantro.

ANTES DE CENAR

Disfrutar de un cóctel antes
de cenar es la mejor manera de
preparar el cuerpo para los
manjares que se avecinan.

Estimular el apetito es una necesidad, al igual que relajarse y desconectar
después de una larga jornada. La bebida ideal es algo o bien ligeramente
amargo, o bien efervescente y con poco azúcar, porque este puede quedarse en
el paladar y producir sensación de saciedad.

Algunos de los ingredientes imprescindibles en la barra a la hora de preparar
bebidas para antes de la cena son el vermut (por supuesto), el jerez (cuanto más
seco, mejor), el champán (mejor que el vino espumoso) y la ginebra (mucha,
mucha ginebra). Bien fríos, todos ellos son magníficos por sí solos y también
pueden formar la base de deliciosos combinados.

EL VERMUT TRAE EL FUNK

(imagen en la p. siguiente)

La kombucha, una bebida de té fermentado, se ha puesto de moda durante los últimos años y cada vez la hay de más marcas. Encontrar una de buena calidad es fundamental y siempre prefiero usar las variedades sin sabores, porque, de lo contrario, estos enmascaran a los otros ingredientes de la bebida. El vermut Dolin Blanc es ligero y tiene un acabado floral que realza el agua de coco.

60 ml de vermut Dolin Blanc

30 ml de agua de coco

la pulpa de ¼ de fruta de la pasión fresca

90 ml de kombucha sin sabor añadido

cubitos de hielo, para servir

1 tallo de hierba limón y la mitad de una fruta de la pasión, para la guarnición

Mezcle el vermut, el agua de coco y la pulpa de fruta de la pasión en un vaso alto helado y remueva para mezclar. Añada la kombucha poco a poco y luego los cubitos de hielo, con cuidado, para conservar las burbujas. Adorne con el tallo de hierba limón y la mitad de fruta de la pasión.

GIN TONIC CON VINO

Este es otro cóctel de mi época en el Gin Palace de Melbourne. Se diseñó para que resultara refrescante y estimulante y combina sabores amargos, salados, dulces y ácidos, además del de la ginebra, por supuesto. En comparación con el vermut, no hay muchos vinos de quina en el mercado y este, que procede de Sudáfrica, es deliciosamente amargo con unas maravillosas notas dulces de miel.

20 ml de vino de quina Caperitif

40 ml de ginebra

20 ml de manzanilla

5 ml de sirope de tónica

1 chorro de Solución cítrica (p. 77)

cubitos de hielo, para mezclar

1 cuña de limón, para la guarnición

olivas ensartadas en un palillo, para servir

Mezcle todos los ingredientes en un vaso mezclador y acabe con los cubitos de hielo. Remueva durante unos 20 segundos, para enfriar y diluir la bebida.

Cuele la bebida en un vaso Collins helado y adórnelo con la cuña de limón. Sírvala acompañada de las olivas ensartadas en el palillo.

CONSEJO *Puede comprar el sirope de tónica en www.cocktailshop.es.*

CRISANTEMO

 SEBASTIAN RAEBURN

En 1930, el vapor *Europa* zarpó de Alemania. Era un lujoso crucero de pasajeros y atravesó el Atlántico entre Alemania y Nueva York durante casi una década. En cuanto el crucero alcanzaba las aguas internacionales frente a la costa neoyorquina, podía empezar a servir alcohol a los sedientos estadounidenses, sometidos a la opresiva ley seca. El Crisantemo era uno de los cócteles estrella a bordo. Esta bebida compleja, potente y cítrica superó el paso del tiempo y aún la disfrutamos hoy.

60 ml de vermut Carpano seco
30 ml de DOM Bénédictine
5 ml de absenta
cubitos de hielo, para mezclar
1 espiral de naranja, para la guarnición

Mezcle todos los ingredientes en un vaso mezclador, acabando con los cubitos de hielo, y remueva durante unos 20 segundos, para enfriar y diluir la bebida.

Cuele la bebida en una copa de champán helada y adórnela con la espiral de naranja.

SPRITZ FRANCÉS #2

Diseñé este cóctel para un artículo sobre cócteles de aperitivo en la revista *Alquimie*. Todos los ingredientes son franceses y, como habrá adivinado al ver el nombre de la receta, este fue mi segundo spritz francés. Un comentario sobre el Lillet: aunque puede usar el normal si no encuentra el reserva, merece la pena invertir tiempo en buscar este último, porque añade una dimensión exquisita al cóctel.

20 ml de vermut Lillet Blanc Reserve 2008
20 ml de ginebra Citadelle
10 ml de licor Suze
40 ml de champán
cubitos de hielo, para servir
1 espiral de limón, para la guarnición

Vierta todos los ingredientes, excepto el champán y el hielo, en una copa tipo Borgoña helada y remueva para que se mezclen. Añada el champán poco a poco y luego los cubitos de hielo, con cuidado, para conservar las burbujas. Antes de servir la bebida, adórnela con la espiral de limón.

LA DISCO TONIQUE

NICK TESAR

Este fue el último cóctel que preparé en el restaurante Lûmé de Melbourne. Lo concebí para servirlo antes de las cenas y era una variación del clásico cóctel Bambú, en la que utilicé un jerez más intenso y con notas de frutos secos y el recién lanzado vino de quina de Maidenii. Debe su nombre al atractivo color que le da el agraz de arándanos azules.

20 ml de vino de quina Maidenii
20 ml de Agraz de arándanos azules (p. 112)
20 ml de Fino Perdido de Sánchez Romate
10 ml de Sirope de azúcar 2:1 (p. 77)
1 roca de hielo
1 espiral de limón, para la guarnición

Introduzca todos los ingredientes, excepto el hielo, en un rocks glass helado y remueva para que se mezclen. Añada la roca de hielo y remueva durante unos 30 segundos, para que la bebida se diluya y se enfríe. Adorne la bebida con la espiral de limón y sírvala.

EL APERITIVO DE FRANKIE

Durante mi época en el Gin Palace, tuvimos un cliente habitual que se llegó a convertir en un buen amigo. Se llama Francesco Fiorelli y es un caballero italiano que dirigía Sarti, el restaurante que teníamos arriba. Una noche Francesco trajo su licor italiano preferido, el de mirto. Se hace con el fruto del *Myrtus communis*, o mirto común. Me pidió que ideara un cóctel que lo ayudara a preparar el cuerpo para la cena antes de empezar a trabajar y así fue como nació el Aperitivo de Frankie.

15 ml de vermut Maidenii dulce
45 ml de ginebra Malfy
15 ml de licor de mirto
cubitos de hielo, para mezclar
absenta, para perfumar
1 espiral de limón, para la guarnición

Mezcle todos los ingredientes en un vaso mezclador, acabando con los cubitos de hielo. Remueva durante unos 20 segundos, para enfriar y diluir la bebida.

Cuele la bebida en una copa de champán helada y perfumada con absenta (p. 78) y adórnela con la espiral de limón.

MARTINI

45 ml de vermut Maidenii seco
45 ml de ginebra Tanqueray No. 10
cubitos de hielo, para mezclar
1 espiral de pomelo, para la guarnición

Vierta los ingredientes en un vaso mezclador y añada los cubitos de hielo. Remueva durante unos 20 segundos, para enfriar y diluir la bebida. Cuélela en una copa de cóctel helada y adórnela con la espiral de pomelo.

Hay muchísimas maneras de preparar un Martini. La cuestión es averiguar cómo le gusta a usted y el único modo de hacerlo es experimentando. A continuación encontrará la receta de cómo me gusta a mí. Podríamos llamarlo Martini 50/50, porque contiene vermut y ginebra a partes iguales. Abajo especifico algunas variaciones con ingredientes y guarniciones, para que pueda adaptar la receta a sus preferencias.

VARIACIONES DE SABOR

«ME GUSTA EL DULCE»
Pruebe un Wet Martini con más vermut o elija un vermut más dulce.

«ME GUSTA LO SALADO»
Prepare un Dry Martini añadiendo 1 cucharadita de salmuera de aceitunas.

«NO ME APASIONA LA GINEBRA»
Pruebe con el vodka. Aunque no es un Martini tradicional, está delicioso.

«ME GUSTA MÁS LA GINEBRA QUE EL VERMUT»
Como productor de vermut que soy le digo que muy mal hecho, pero como barman también le aconsejo que use menos vermut y prepare un Dry Martini.

«NO PUEDO BEBER MUCHO ALCOHOL»
Pruebe con un Martini inverso, que es sobre todo vermut y contiene poca ginebra.

VARIACIONES CON LA GUARNICIÓN

AMARGO
Espiral de limón, hoja de yuzu, cebolla encurtida, manzana laminada o «caviar» de lima dedo.

ESPECIADO
Chorro de cualquier *bíter*, perfume de absenta (p. 78), hoja de Nasturtium, pimienta encurtida u hoja de lima kafir.

DULCE
Dátil relleno de queso azul, fresa laminada, bola de melón o flor de rosella en sirope.

FRESCO
Ramita de menta, hoja de albahaca, pétalo de rosa u hoja de mirto limón.

SALADO
Olivas en un palillo, anchoas en un palillo, ramita de tomillo, ramita de romero, tomate cherry o flor de caléndula.

EL MARTINI ES UNA BEBIDA MUY PERSONAL –
△ SEBASTIAN RAEBURN Y DERVILLA MCGOWAN

BAMBÚ

 HUGO LEECH

Se trata de una bebida refinada y baja en alcohol perfecta para antes de cenar y que se remonta a finales del siglo XIX, cuando un barman de Yokohama (Japón) la preparó para saciar la sed de sus invitados internacionales (fundamentalmente estadounidenses), a quienes les apetecía tomar un cóctel (una bebida que entonces aún no se consumía mucho en Japón). Esta receta es una magnífica versión del original: un cóctel que es mucho más que la suma de sus partes. Añadir *bíters* da a la bebida un toque aromático y el sirope de azúcar aporta una textura sedosa a esta delicada bebida.

30 ml de vermut Maidenii seco
30 ml de fino
5 ml de Sirope de azúcar 2:1 (p. 77)
1 chorro de *bíter* de naranja
cubitos de hielo, para mezclar
1 espiral de naranja, para la guarnición

Vierta todos los ingredientes en un vaso mezclador y añada los cubitos de hielo. Remueva durante unos 20 segundos, para enfriar y diluir la bebida.

Cuélela en un vaso Nick y Nora helado y adórnela con la espiral de naranja.

LA MILLA DE ORO

JOE JONES

Este cóctel es un recién llegado a mi repertorio de aperitivos. El jerez y el vermut son los ingredientes principales, a los que el Suze da un toque amargo: está a medio camino entre un White Americano y un Tom Collins, pero con menos alcohol, para los que se lo quieren tomar con calma en previsión de una noche larga. Si prefiere una alternativa más contundente, sustituya el agua carbonatada por una cerveza lager seca y fresca.

25 ml de vermut Cocchi Americano
25 ml de manzanilla La Goya
15 ml de licor Suze
20 ml de zumo de limón
10 ml de Sirope de azúcar 2:1 (p. 77)
hielo picado, para agitar
1 lanza de hielo
30 ml de agua carbonatada (soda)
1 rodaja de naranja, para la guarnición

Introduzca todos los ingredientes excepto la lanza de hielo y el agua carbonatada en una coctelera con un poco de hielo picado. Agítela vigorosamente durante 10 segundos o hasta que el hielo se haya disuelto.

Cuele la bebida en un vaso Collins y añada la lanza de hielo. Agregue el agua carbonatada poco a poco y adorne el vaso con la rodaja de naranja.

CARE THREE

Alastair Walker, de Caretaker en Nueva Zelanda, lleva toda su vida preparando bebidas de alta calidad y de estilo clásico. Como antes en The Everleigh, en Melbourne, Alastair siempre ha demostrado una gran atención al detalle a la hora de construir capas de sabor. En este cóctel, ha combinado las características vegetales del tequila con el dulzor del marrasquino y ha integrado ambos sabores con un vermut seco y con mucha textura.

15 ml de vermut Yzaguirre seco

45 ml de tequila Tromba blanco

5 ml de licor marrasquino

cubitos de hielo, para mezclar

1 espiral de lima y 1 chorrito de mezcal, para la guarnición

Meta todos los ingredientes en un vaso mezclador y añada los cubitos de hielo. Remueva durante unos 20 segundos, para enfriar y diluir la bebida.

Cuele la bebida en un vaso Nick y Nora helado, adorne con la espiral de lima y rocíe con mezcal.

BLACK SPUR

CHRIS HYSTED-ADAMS

Durante mucho tiempo, Mark Leahy y yo quisimos crear para el Black Pearl un cóctel que contuviera exclusivamente ingredientes australianos. Los clientes solían pedir la ginebra Syrah de Four Pillars y nosotros decidimos usarla como la expresión de sabor. Madura y rebosante de sabor a bayas, esta ginebra única constituye la columna vertebral de esta bebida y el vermut Regal Rogue Wild rosado parecía ser la base ideal para la misma.

50 ml de vermut Regal Rogue Wild rosado

20 ml de ginebra Shiraz de Four Pillars

5 ml de Sirope de azúcar 2:1 (p. 77)

1 cucharada de bar de absenta Reverie de Distillery Botanica

cubitos de hielo, para mezclar

1 espiral de pomelo, para la guarnición

Mezcle todos los ingredientes en un vaso mezclador y añada los cubitos de hielo. Remueva durante unos 20 segundos para enfriar y diluir la bebida.

Cuélela en una copa de champán helada y adórnela con la espiral de pomelo antes de servir.

DESPUÉS DE CENAR

Tras una comida copiosa, llega el momento de descansar, relajarse y acabar de redondear la noche con otra bebida.

Aproveche la oportunidad de cambiar el postre por una bebida dulce o algo que lo ayude a digerir la comida.

Para preparar las bebidas post cena, es esencial contar con unos cuantos ingredientes básicos además de un frigorífico lleno de vermut. Es imprescindible disponer de una selección de *amari* (licores amargos italianos), que son tan deliciosos por sí solos como combinados con otras bebidas. Brandy, brandy... y más brandy (me encanta), la quintaesencia de las bebidas para después de comer, acompañado, a poder ser, de un buen puro. Finalmente, el té y el café son extraordinarios en los cócteles o, por supuesto, solos.

KING GEORGE SQUARE

(imagen en la p. siguiente)

□

Este cóctel fue idea de un buen amigo mío, George Quatermass, que vive en Brisbane. Me pidió que lo bautizara yo, pero eso de poner nombres no se me da especialmente bien, así que decidí no complicarme la vida: le llamé como un maravilloso espacio público en Brisbane dedicado al rey Jorge V.

25 ml de vermut Maidenii dulce
25 ml de ron de piña Plantation
25 ml de whisky de centeno
cubitos de hielo, para mezclar
absenta, para perfumar
1 espiral de limón, para la guarnición

Vierta todos los ingredientes en un vaso mezclador y añada los cubitos de hielo. Remueva durante unos 20 segundos, para enfriar y diluir la bebida.

Cuélela en un rocks glass helado y perfumado con absenta (p. 78) y adórnela con la espiral de limón.

BIJOU

♈ HUGH LEECH

El Bijou es un cóctel clásico cuyo nombre significa 'joya' en francés y que está inspirado en tres piedras preciosas: diamantes (ginebra), rubíes (vermut) y esmeraldas (Chartreuse verde). Esta bebida, que empieza con un dulzor delicado y acaba con una gran intensidad herbal, es una de las grandes sorpresas del mundo del cóctel y es magnífica después de una buena cena.

30 ml de vermut Adelaide Hills Distillery dulce
40 ml de ginebra 78 Degrees de Adelaide Hills
20 ml de Chartreuse verde
1 chorro de *bíter* de naranja
cubitos de hielo, para mezclar
1 espiral de limón, para la guarnición

Vierta todos los ingredientes en un vaso mezclador y añada los cubitos de hielo. Remueva durante unos 20 segundos, para enfriar y diluir la bebida.

Cuélela en una copa de champán helada y adórnela con una espiral de limón.

MANHATTAN MARAVILLOSO

CHRIS HYSTED-ADAMS

Por desgracia, no podemos atribuirnos la autoría de este clásico de los cócteles: lo ideó un tal Harry Johnson en 1884. Al parecer, a Harry le gustaba añadir un poco de curaçao a su Manhattan, pero nosotros creemos que la absenta funciona igualmente bien y da más estructura a la bebida, al tiempo que realza el perfil dulce del vermut Antica Formula de Carpano.

45 ml de vermut Antica Formula de Carpano

45 ml de whisky de centeno

3 ml de licor de naranja

3 ml de absenta

3 ml de Sirope de azúcar 2:1 (p. 77)

cubitos de hielo, para mezclar

1 cereza fresca, para la guarnición

Vierta todos los ingredientes en un vaso mezclador y añada los cubitos de hielo. Remueva durante unos 20 segundos, para enfriar y diluir la bebida.

Cuélela en una copa de champán helada y adórnela con una cereza fresca.

CAFFÈ CORRETTO ALLA M & M

Este cóctel es de Sébastien Derbomez, amigo mío y embajador en Estados Unidos del whisky Monkey Shoulder. Cuando me envió la receta y leí los ingredientes, pensé que el vermut no combinaría nada bien con esos sabores. ¡Qué equivocado estaba! Me quito el sombrero ante ti, Sébastien: es un cóctel extraordinario.

30 ml de whisky Monkey Shoulder

30 ml de vermut Maidenii seco

30 ml de café expreso recién preparado

15 ml de orgeat

cubitos de hielo, para agitar

nuez moscada rallada, para la guarnición

Vierta todos los ingredientes en un vaso mezclador y añada los cubitos de hielo. Agite vigorosamente durante unos 10 segundos para diluir la bebida y cuélela en un vaso Nick y Nora helado. Añada la guarnición de nuez moscada.

VERMUT Y TÉ

La base de esta receta es un ponche de té, que combina cítricos y leche. Por extraña que le pueda resultar la mezcla, le aseguro que esta locura tiene un porqué. Al añadir el zumo de limón, la leche se separa en cuajo y suero. Entonces, recogemos el suero y lo usamos para dar textura al ponche. Asegúrese de que usa leche de buena calidad.

30 ml de vermut Maidenii dulce frío

120 ml de Ponche de leche (véase abajo)

fresas frescas y una galleta de mantequilla para servir

PONCHE DE LECHE (PARA UNOS 600 ML)

la ralladura de 2 naranjas grandes

250 ml de ginebra de la Melbourne Gin Company

500 ml de leche entera de buena calidad

15 g de té de Uva (de Sri Lanka)

250 ml de zumo de limón

150 g de azúcar caster (extrafino)

Primero, prepare el ponche de leche. Vierta la ginebra en un cuenco, añada la ralladura de naranja y cúbralo con un trapo. Déjelo macerar durante 12 horas o hasta el día siguiente.

En un cazo, caliente la leche a fuego medio durante 3-4 minutos hasta que esté templada, pero no caliente. Añada el té, remueva y retire del fuego. Deje infusionar la leche durante 5 minutos.

En un cuenco, mezcle la leche con el té, el zumo de limón y el azúcar y remueva hasta que el azúcar se haya disuelto. Deje reposar durante 1 hora.

Forre un colador de malla fina con un paño de muselina y suspéndalo sobre un cuenco. Cuele la leche aromatizada y espere hasta que se haya escurrido toda por el paño. Deseche el cuajo.

Vierta la leche en una botella de vidrio esterilizada (p. 78), ciérrela bien y métala en el frigorífico. Se conservará durante 1 semana.

Para el Vermut y té, mezcle el ponche de leche con el vermut frío y vierta la mezcla en una taza de té helada. Sírvala acompañada de fresas frescas y de una galleta de mantequilla.

FLIP DE CHARTREUSE

SEBASTIAN RAEBURN

Diseñé esta bebida con dos objetivos: el primero, combinar ingredientes que sentaran bien tanto antes como después de cenar, y el segundo, explorar texturas. Empecé con Chartreuse, porque da a la bebida una sensación sedosa en boca. Entonces añadí un huevo y la bebida se transformó en un *flip*. Como se trataba de una bebida para después de cenar, pensé que lo lógico sería añadir un whisky ahumado, pero no me acababa de encajar. Así que opté por un whisky escocés y un vermut que se abriera paso entre la densidad de la bebida y le diera color. El resultado fue fantástico.

15 ml de vermut Cinzano 1757 Rosso

50 ml de whisky escocés Bowmore Legend 10 años

15 ml de Chartreuse amarilla

5 ml de Sirope de azúcar 2:1 (p. 77)

1 huevo entero

cubitos de hielo, para agitar

una pizca de hilos de azafrán y nuez moscada rallada, para la guarnición

Vierta todos los ingredientes en una coctelera y añada los cubitos de hielo. Agite vigorosamente durante unos 10 segundos y cuele la bebida en una copa de tulipa helada. Añada la guarnición de hilos de azafrán y de nuez moscada rallada.

EXPRESO DE MAE KLONG

JAMES CONNOLLY

Esta bebida lleva el nombre del famoso mercado tailandés sobre la vía del tren. Lleva tequila y es una versión inspirada en Tailandia de una de mis bebidas preferidas, el Twentieth Century. El chocolate blanco y el chile son buenos acompañantes del tequila blanco y el Americano aporta una complejidad y un elemento herbal que falta en la bebida original. Es una bebida explosiva adecuada para cualquier ocasión. Si quiere algo más potente, añada mezcal.

25 ml de vermut Cocchi Americano

25 ml de tequila Tromba Reposado

25 ml de Cacao al chile (véase abajo)

25 ml de zumo de limón

3 chorritos de *bíter* de naranja

1 chorrito de Solución salina (p. 77)

cubitos de hielo, para la guarnición

1 espiral de limón, para la guarnición

CACAO AL CHILE (PARA UNOS 350 ML)

350 ml de licor de chocolate blanco Mozart

10 g de chiles ojo de pájaro, sin los tallos y troceados gruesos

Empiece por el cacao al chile. Mezcle el licor de chocolate y el chile en un cuenco, cúbralo y deje macerar durante 2 horas.

Cuele la mezcla con un colador de malla fina en una botella de vidrio esterilizada (p. 78) y deseche el chile. Cierre bien la botella y métala en el frigorífico. Se conservará durante 2 meses.

Para el Expreso de Mae Klong, vierta todos los ingredientes en una coctelera y añada los cubitos de hielo. Agite vigorosamente durante unos 10 segundos y cuele la bebida en una copa de champán helada. Añada la guarnición de la espiral de limón.

CORNER POCKET

 JOE JONES

Una bebida baja en alcohol y que evoca a Hawái: ¡sabrosa y tropical!

25 ml de vermut Dolin seco
25 ml de amaro Montenegro
40 ml de zumo de piña
20 ml de zumo de lima
15 ml de orgeat
hielo picado, para agitar
1 lanza de hielo
30 ml de agua carbonatada (soda)
1 cuña de lima y 1 hoja de piña, para la guarnición

Introduzca todos los ingredientes excepto la lanza de hielo y el agua carbonatada en una coctelera con un poco de hielo picado. Agítela vigorosamente durante 10 segundos o hasta que el hielo se haya disuelto.

Cuele la bebida en un vaso Collins y añada la lanza de hielo. Agregue el agua carbonatada poco a poco y adorne el vaso con la cuña de lima y la hoja de piña.

COSMO-TINI

(imagen en la p. anterior)

Este cóctel es una combinación de dos cócteles muy populares: el Cosmopolitan y el Martini. Los ingredientes del segundo saltan a la vista, mientras que los del primero se ocultan en el *shrub*.

40 ml de vermut La Quintinye seco

40 ml de ginebra seca Rare de Four Pillars

20 ml de *Shrub* de arándanos rojos (véase abajo)

cubitos de hielo, para la guarnición

1 espiral de naranja, para la guarnición

«SHRUB» DE ARÁNDANOS ROJOS (PARA UNOS 400 ML)

250 g de arándanos rojos secos

250 g de azúcar caster (extrafino)

250 ml de vinagre de manzana

Deposite todos los ingredientes del *shrub* de arándanos rojos en un cazo con 250 ml de agua y lleve a ebullición. Reduzca a fuego medio y cueza lentamente durante 30 minutos. Remueva de vez en cuando.

Cuele el *shrub* con un colador de malla fina en una jarra o botella de vidrio esterilizadas (p. 78) y deseche los arándanos rojos. Cierre bien la botella y métala en el frigorífico. Se conservará durante 1 mes.

Para el Cosmo-tini, vierta todos los ingredientes en un vaso mezclador y añada los cubitos de hielo. Remueva durante unos 20 segundos, para enfriar y diluir la bebida.

Cuélela en una copa de cóctel helada y adórnela con la espiral de naranja.

FILTHY MARTINEZ

ANDY GRIFFITHS

Este cóctel está inspirado en un viaje a España donde descubrí (asombrado) el vermut de grifo y los aperitivos encurtidos. Era inevitable que acabara creando mi propia versión del Martínez (uno de mis preferidos). Si añadimos a eso mi pasión por el mezcal y el cherry, el resultado es esta bebida punzante, aromática y compleja perfecta para servir con toda una variedad de tapas, como embutidos, anchoas y encurtidos. El vermut de Casa Mariol resulta ideal, por su bajo contenido en caramelo y su aroma herbal general.

1 ramita de romero

1 alcaparra

30 ml de vermut Casa Mariol negro

40 ml de mezcal

10 ml de oloroso

1 chorrito de *bíter* de naranja

cubitos de hielo

1 alcaparra, para la guarnición

Introduzca la ramita de romero en un vaso mezclador y quémela brevemente con un soplete o en el fogón. Añada la alcaparra y aplástela ligeramente con la rama de romero.

Añada el resto de ingredientes y los cubitos de hielo. Remueva durante unos 20 segundos, para enfriar y diluir la bebida.

Cuélela en una copa de champán helada y añada la alcaparra antes de servir.

LOS AMARGOS

Los cócteles amargos son un gusto adquirido: hay que entrenar al paladar para que acepte la intensidad de los sabores.

Siempre son buenos antes de comer, después de comer y, en definitiva, en cualquier momento en que apetezca una bebida. Cuando hablamos de cócteles amargos es imprescindible contar con una amplia variedad de vermuts, además de otros ingredientes esenciales. El Campari y el Aperol son dos de los más importantes: el primero para quienes están aprendiendo a apreciar el sabor amargo y el segundo para quienes ya los adoran. En Australia también se producen magníficos licores de este estilo, como Økar y The Italian, ambos de productores de la región de Adelaide Hills. El otro es el fernet, cuyo intenso sabor amargo no es para pusilánimes. Personalmente, mi marca preferida es Branca.

FLIP DE VERMUT

(imagen en la p. siguiente)

Los *flips* son cócteles que contienen un huevo entero, que casa a la perfección con las virutas de cacao a la Antica. La combinación del contundente carácter avainillado del vermut y las virutas de cacao hace de este cóctel una bebida suculenta, mientras que el fernet Branca le da un toque amargo y añade unas notas de menta. Es un magnífico sustituto del postre.

50 ml de virutas de cacao a la Antica (véase abajo)

10 ml de fernet Branca

10 ml de sirope de arce canadiense

1 huevo entero

cubitos de hielo, para agitar

nuez moscada fresca, para la guarnición

VIRUTAS DE CACAO A LA ANTICA (PARA UNOS 750 ML)

750 ml de vermut Antica Formula de Carpano

50 g de virutas de cacao

Empiece a preparar la receta con tres días de antelación.

Primero, prepare las virutas de cacao a la Antica. Mezcle el vermut y las virutas de cacao en una bolsa sellable (idealmente, al vacío). Déjelas macerar durante 3 días.

Cuele el contenido de la bolsa con un colador de malla fina en una botella de vidrio esterilizada (p. 78) y deseche las virutas de cacao. Cierre bien la botella y métala en el frigorífico. Se conservará durante 2 semanas.

Para preparar el Flip de vermut, vierta todos los ingredientes en una coctelera y añada los cubitos de hielo. Agite vigorosamente durante unos 10 segundos y cuele la bebida en una copa de vino helada. Añada la guarnición de nuez moscada recién rallada.

COBBLER DE YUZU

Este cóctel es de Max Heart, que dirige el bar Mjølner en Melbourne. El yuzu me encanta y con muy poca cantidad se puede conseguir mucho. Es perfecto para realzar y combinar los sabores cítricos y herbales.

30 ml de vermut Maidenii Classic

20 ml de Aperol

20 ml de vodka

5 ml de Sirope de miel (p. 77)

3 chorritos de *bíters* de diente de león y bardana del Dr. Adam Elmegirab

hielo picado

30 ml de refresco de yuzu

1 cuña de limón y 1 hoja de shisho

Vierta todos los ingredientes, excepto el refresco de yuzu, en una copa de vino helada y añada el hielo picado. Remueva vigorosamente con una cuchara de bar hasta que la mezcla sea uniforme.

Añada el refresco de yuzu y adorne la copa con la cuña de limón y la hoja de shisho.

LA DRUPA
Y LA CÁSCARA

Quizás sepa que el fruto de la planta del café es una drupa y que el café se elabora con las semillas de la planta, pero probablemente desconozca que también podemos usar la cáscara seca. A mí me encanta usarla en el té helado. Solo hay que macerar la cáscara en un poco de agua y añadir azúcar y limón al gusto. El Chinato de Cappelletti, extraordinario y de gran profundidad, da cuerpo y textura a este cóctel.

45 ml de Chinato de Cappelletti

5 ml de café expreso recién hecho

45 ml de Cáscara helada (véase abajo)

5 ml de kirsch

cubitos de hielo, para servir

cerezas confitadas Fabbri, para la guarnición

CÁSCARA HELADA (PARA UNOS 1,2 LITROS)

50 g de cáscara de café

150 g de azúcar caster (extrafino)

Para preparar la cáscara helada, introduzca la cáscara de café en un cuenco grande y cúbrala con 1,2 litros de agua. Déjela macerar durante 2 horas.

Cuele el líquido con un colador de malla fina sobre un cuenco limpio y añada el azúcar. Remueva hasta que el azúcar se haya disuelto y vierta el líquido en una botella de vidrio esterilizada (p. 78). Deseche la cáscara, cierre bien la botella y métala en el frigorífico. Se conservará durante 1 semana.

Para preparar el cóctel, vierta todos los ingredientes excepto el hielo en un vaso largo helado y remueva para mezclar bien el contenido. Añada los cubitos de hielo y las cerezas Fabbri.

CONSEJO *Puede obtener cáscara directamente de un buen tostadero de café.*

QUEMADO POR EL SOL

La historia de este cóctel empezó cuando yo aún era pequeño y cada semana nos traían cajas de 12 latas de refresco a domicilio. Los refrescos eran de sabores variados y mi preferido era el *portello* que, básicamente es mosto carbonatado. Beberlo me transporta a la infancia y funciona extraordinariamente bien en lugar del agua carbonatada en esta variación del Americano.

30 ml de vermut Maidenii dulce

15 ml de Økar de Applewood

2 chorritos de Solución cítrica (p. 77)

60 ml de *portello*

cubitos de hielo, para servir

1 ramita de mirto limón, para la guarnición

Vierta todos los ingredientes excepto el *portello* y el hielo en un vaso largo helado. Añada poco a poco el *portello* y luego el hielo, para conservar las burbujas.

Añada la guarnición de mirto limón y sirva.

HANKY PANKY MEJORADO

 SAMUEL NG

Colaboré con Maidenii para crear este cóctel, al que llamamos Hanky Panky mejorado. Maidenii produce un maravilloso amargo de estilo francés, el Nocturne, aromatizado con ingredientes locales como la trufa negra del valle del Yarra, y tuvimos la gran suerte de poder envejecer nuestra ginebra Navy Strength en una barrica que antes había contenido Nocturne de Maidenii. Luego la terminamos durante un mes en barricas de jerez dulce de 40 años. Cuando empezamos a experimentar con la ginebra resultante, el primer cóctel que me vino a la mente fue el Hanky Panky y, para aligerar un poco el paladar, añadimos un toque de absenta Pernod: así nació el Hanky Panky mejorado.

40 ml de vermut Maidenii dulce

20 ml de ginebra Navy Strength de Four Pillars

5 ml de fernet Branca

absenta, para perfumar (p. 78)

cubitos de hielo, para mezclar

1 roca de hielo, para servir

1 espiral de naranja, para la guarnición

Vierta todos los ingredientes en un vaso mezclador y añada los cubitos de hielo. Remueva durante unos 20 segundos, para enfriar y diluir la bebida.

Perfume un vaso Old Fashioned helado con absenta y vierta el cóctel colándolo sobre una roca de hielo. Adorne con la espiral de naranja.

NEGRONI

¡Menudo cóctel! Es, sin duda, uno de mis preferidos y, de hecho, lo usamos como modelo cuando desarrollamos el vermut Maidenii dulce, porque queríamos asegurarnos de que fuera el vermut ideal para preparar Negronis. Four Pillars también tuvo presente el Negroni durante el desarrollo de su ginebra. Si quiere probar algo distinto, sustituya el Campari por otros aperitivos (Økar es una magnífica opción australiana, de la Applewood Distillery en Australia Meridional, al igual que The Italian, de la Adelaide Hills Distillery). A continuación encontrará la receta para un Negroni clásico verdaderamente magnífico, pero también incluyo algunas sugerencias de variaciones.

30 ml de vermut Maidenii dulce
30 ml de ginebra Spiced Negroni de Four Pillars
30 ml de Campari
1 roca de hielo
1 espiral de naranja, para la guarnición

Vierta todos los ingredientes en un vaso Old Fashioned helado sobre una roca de hielo. Remueva durante 30 segundos, para enfriar y diluir la bebida. Añada la espiral de naranja y sirva.

VARIACIONES DE SABOR

«NO ME GUSTAN LAS BEBIDAS AMARGAS»
Prepare un Gateway Negroni, con ginebra de endrinas en lugar de ginebra normal y con Aperol en lugar de Campari.

«¿HAY VERSIONES MÁS SUAVES DEL NEGRONI?
Pruebe con un Americano, que usa agua carbonatada en lugar de ginebra.

«NO ME GUSTA EL COLOR ROJO»
Pruebe el White Negroni, con Suze en lugar de Campari y Americano de Cocchi en lugar de Maidenii.

«ME GUSTA EL BOURBON»
Entonces, le encantará el Boulevardier. Sustituya la ginebra por bourbon.

«HAY VERSIONES MÁS REFRESCANTES DEL NEGRONI?»
Sí. Pruebe un Sbagliato, que contiene vino blanco espumoso en lugar de ginebra.

«¿QUÉ ES EL NEGRONI AUSTRALIS?»
Un Negroni íntegramente australiano, por supuesto. Sustituya el Campari por Økar.

LOS PURISTAS LE DIRÁN QUE UN NEGRONI SIN CAMPARI NO ES
UN NEGRONI, PERO LO CIERTO ES QUE SE PUEDE SUSTITUIR POR
△ VARIOS APERITIVOS – CHRIS HYSTED-ADAMS

TRES INGREDIENTES Y MEDIO

(imagen en la p. anterior)

El vermut Punt e Mes debe su nombre a que su «punto y medio» representa un punto de dulzor y medio punto de amargor. Ciertamente, está en el lado más suculento y amargo del vermut y creo que funciona muy bien en cócteles de cerveza. Aquí lo he mezclado con una de mis cervezas negras preferidas de Holgate, que está cerca de nuestra vermutería en Harcourt y es una parada perfecta de camino a casa tras todo un día sumergido en botánicos.

30 ml de vermut Punt e Mes
10 ml de Pedro Ximénez
90 ml de cerveza negra Temptress de Holgate
cacahuetes con wasabi, para servir

Mezcle el vermut y el Pedro Ximénez en un vaso largo. Añada la cerveza poco a poco y sirva acompañado de los cacahuetes con wasabi.

OLD PAL

SEBASTIAN RAEBURN

Publicado en 1922 en el *ABC of Cocktails* de Harry MacElhone's, este cóctel se inspira claramente en bebidas como el Negroni o el Manhattan. Es muy parecido a un Manhattan extraamargo y ultraseco, pero con más énfasis en los sabores oscuros del centeno.

20 ml de vermut seco Noilly Prat
40 ml de whisky de centeno Bulleit
20 ml de Campari
cubitos de hielo, para mezclar
1 espiral de limón, para la guarnición

Vierta todos los ingredientes en un vaso mezclador y añada los cubitos de hielo. Remueva durante unos 20 segundos, para enfriar y diluir la bebida.

Cuele la bebida en una copa de champán helada y adórnela con la espiral de limón.

LIVELY SPRITZER

Este es uno de los cócteles que Mark Ward ha diseñado especialmente para su vermut blanco Regal Rogue Lively, que es más bien un estilo bianco con maravillosas notas cítricas equilibradas por el intenso tomillo nativo. Es magnífico para el aperitivo, pero intente encontrar un zumo de pomelo bien amargo.

45 ml de vermut blanco Regal Rogue Lively
15 ml de St. Germain
15 ml de zumo de pomelo
1 chorrito de *bíter* de naranja
60 ml de prosecco
cubitos de hielo, para servir
1 cuña de pomelo, para la guarnición

Vierta todos los ingredientes, excepto el prosecco y el hielo, en una copa de vino helada y remueva para mezclarlos bien. Añada poco a poco el prosecco y luego los cubitos de hielo, con cuidado, para conservar las burbujas. Adorne la copa con una cuña de pomelo y sirva la bebida.

SPRITZ

Entiendo perfectamente que este cóctel haya ido ganando popularidad durante los últimos años. Cuando el calor empieza a apretar, solo puedo beber spritz con el aperitivo. El spritz contiene tres ingredientes principales: vino, algo amargo y algo con burbujas, normalmente agua carbonatada. No hay más normas que estas, lo que significa que el spritz se puede preparar con prácticamente cualquier cosa. El vermut satisface dos de los requisitos, porque tiene base de vino y porque es ligeramente amargo, por lo que un vermut con agua carbonatada es un spritz de vermut. A continuación encontrará mi receta preferida, seguida de algunas variaciones para que pueda mezclarlas... ¡literalmente!

60 ml de vermut Maidenii Classic
30 ml de prosecco
15 ml de agua carbonatada (soda)
cubitos de hielo, para servir
1 cuña de naranja, para la guarnición

Vierta poco a poco todos los ingredientes en una copa tipo Borgoña helada y remueva para mezclar bien. Añada los cubitos de hielo para conservar las burbujas y adorne la copa con la cuña de naranja.

VARIACIONES

«ES PRIMAVERA, ¿TIENE ALGO MÁS FLORAL?»
Añada un chorro de agua de azahar o de rosas.

«ME ENCANTAN LAS BAYAS»
Añada 15 ml de cassis y adorne la copa con fresas en lugar de con la naranja.

«ME GUSTA EL SPRITZ, PERO HE TENIDO UN DÍA COMPLICADO Y NECESITO ALGO MÁS FUERTE»
Añada un poco de ginebra. Unos 30 ml deberían bastar.

«ME ENCANTA LA SIDRA»
Sustituya el prosecco por una sidra seca.

«ME ENCANTA EL SABOR AMARGO»
Sustituya el vermut Maidenii Classic por el Punt e Mes, o añada un par de chorros de su *bíter* de naranja preferido.

AMERICOLA

Michael Chiem, de PS40 en Sídney, desarrolló esta receta, que es una variación del Americano que incluye su maravillosa cola de semillas de acacia. Aunque puede comprarla en su bar, si le queda demasiado lejos (¡una pena!) puede sustituirla por 10 ml de sirope de semillas de acacia (p. 64) combinado con 50 ml de su bebida de cola preferida.

30 ml de Vermouth di Torino de Cocchi
30 ml de Campari
60 ml de cola de semillas de acacia o de su elección
1 roca de hielo
1 cuña de naranja, para la guarnición

Vierta todos los ingredientes, excepto la cola y el hielo, en un vaso Old Fashioned helado y remueva para mezclarlos bien. Añada poco a poco la cola y luego la roca de hielo, con cuidado, para conservar las burbujas. Remueva brevemente y adorne la bebida con la cuña de naranja.

LAGO LEMÁN

Este es otro de los cócteles de Alastair Walker, de Caretaker en Nueva Zelanda. Es una bebida larga maravillosamente refrescante y con un intenso aroma a genciana. Las notas de genciana del Suze amplifican el amargor de la genciana y el sabor a naranja del Americano de Cocchi. El toque final es el aroma a hinojo y a anís que aporta la absenta.

45 ml de vermut Americano de Cocchi
30 ml de licor Suze
2 chorritos de absenta
100 ml de agua carbonatada (soda)
cubitos de hielo, para servir
1 espiral de limón, para la guarnición

Mezcle todos los ingredientes excepto el agua carbonatada y el hielo en un vaso largo helado. Añada poco a poco el agua carbonatada y luego los cubitos de hielo, con cuidado, para conservar las burbujas.

Adorne con la espiral de limón y sirva.

LOS PONCHES

El ponche se ha de beber con amigos, por eso hay quien dice que servírselo uno mismo da mala suerte.

Los ingredientes del ponche son muchos y variados. Es la bebida de las celebraciones, lo que lleva a que todos quieran idear sus propias combinaciones. La norma general para preparar ponches es:

1 parte de amargo
2 partes de dulce
3 partes de ácido
4 partes fuertes
5 partes suaves

En esta ecuación, el amargo puede ser el vermut, el amaro o los *biters* para cóctel... es decir, cualquier cosa claramente amarga. El dulce puede proceder de licores y siropes y el ácido suele equivaler a cítricos, aunque los vinos blancos secos también funcionan bien, al igual que el zumo de granada, arándanos rojos o manzana. Puede recurrir a cualquier bebida destilada para el elemento fuerte, aunque mis preferidas son la ginebra y el brandy. En cuanto al elemento sin alcohol, suelen ser bebidas sin alcohol, como agua carbonatada, té helado o agua. Básicamente cualquier cosa que suavice la bebida y que haga que quiera volver a por más.

PONCHE DE SORBETE

*(imagen en la p. siguiente
y al pasar página)*

La primera vez que escribí y
probé esta receta me pareció
que no estaba mal, pero que
era evidente que le faltaba
algo. Entonces, le añadí uno
de mis ingredientes de cóctel
preferidos: té. Cuando se usa
correctamente, el té puede
aportar a los cócteles una
sutileza extraordinaria, además
de una base sólida que facilita la
explosión del resto de sabores.
Una vez hube añadido el té,
el Cocchi rosado destacó de
verdad y la corteza de quina en
el vino de quina Maidenii se hizo
muy perceptible. En un abrir y
cerrar de ojos, este ponche pasó
de ser un figurante a convertirse
en una superestrella.

300 ml de vermut Americano rosa de Cocchi

300 ml de vino de quina Maidenii

200 ml de ginebra Melbourne Gin Company

100 ml de St. Germain

200 ml de Sirope de té negro (p. 103)

500 ml de agua carbonatada (soda)

300 ml de prosecco

hielo para ponche

caléndulas, fresas y ramitas de menta, para la guarnición

queso fresco y barras de pan recién hecho, para servir (opcional)

Vierta todos los ingredientes excepto el agua carbonatada, el prosecco y el hielo en un cuenco para ponche grande. Añada el agua carbonatada, el prosecco y más hielo para ponche.

Adorne el ponche con las caléndulas, las fresas y los tallos de menta y, si lo desea, sírvalo acompañado de queso fresco y pan recién horneado. Sírvalo en tazas de ponche o copas de vino heladas.

VERMUT ESPECIADO

En invierno, lo primero que nos viene a la mente no es precisamente un ponche refrescante. Cuando hace frío me suele apetecer un ponche caliente y con textura. Le sugiero que prepare la receta con antelación, la vierta en un termo y se la lleve a un picnic invernal. El Antica Formula de Carpano es uno de los más intensos que hay y casa a la perfección con los sabores especiados de este ponche. Sea generoso con la mantequilla de chocolate: es la gracia de la bebida.

PARA 8 PERSONAS

400 ml de Virutas de cacao a la Antica (p. 172)

200 ml de whisky irlandés

100 ml de Sirope de semillas de acacia (p. 64)

100 ml de curaçao de naranja

100 ml de amaro

1 litro de agua hirviendo

50 g de Mantequilla de chocolate (p. 145)

5 g de sal marina

piel de naranja con clavos insertados y nuez moscada recién rallada, para la guarnición

chocolate amargo y almendras tostadas, para servir

Vierta todos los ingredientes en un cazo grande y caliente a fuego medio. Remueva y caliente poco a poco durante 5 minutos o hasta que se haya calentado. Vierta el vermut especiado en un termo, para que se mantenga caliente.

Para beber, sirva el ponche en tazas de té y adórnelas con un trozo de la piel de naranja con clavos y con un poco de nuez moscada recién molida. Acompáñelo de chocolate amargo y almendras tostadas.

MAGNUM DE PONCHE

Ideé este ponche para mi cumpleaños. Habíamos alquilado una casa en el campo y queríamos recibir a los invitados con un ponche de celebración, pero, como estaba de vacaciones, no quería tener que prepararlo mientras estaba allí. Así que la solución obvia fue prepararlo en casa y llevarlo con nosotros. Como una botella de vino normal no hubiera bastado, usamos la de un magnum y así nació el Magnum de ponche. El vermut Maidenii Classic realza los sabores otoñales del ponche, especialmente el sabor a tierra de la cúrcuma y la acidez de la granada.

PARA 10 PERSONAS

450 ml de vermut Maidenii Classic

200 ml de brandy

500 ml de sidra de manzana

200 ml de Tisana de cúrcuma (p. 134)

150 ml de zumo de limón

cubitos de hielo, para servir

las semillas de 1 granada, para la guarnición

guirlache de nueces de macadamia, para servir (p. 73)

Vierta todos los ingredientes, excepto el hielo, en una jarra grande y pase con cuidado la mezcla en una botella de magnum de vino helada o en dos botellas de vino normales, también heladas.

Para servir, ponga cubitos de hielo y semillas de granada en copas de vino heladas y vierta el ponche. Sírvalo acompañado de guirlache de nueces de macadamia.

VERMUT DE VERANO

Se trata de un divertido ponche estival que se nos ocurrió a Nick Tesar y a mí cuando intentábamos idear un ponche con zumo de sandía. Es muy fácil de hacer: extraiga la pulpa de la sandía que usará como recipiente del ponche y tritúrela en un robot de cocina. Cuélela con un colador de malla fina y listos. Para preparar el recipiente de sandía, corte el tercio superior de la sandía, corte por la mitad el sombrero, extraiga la pulpa y tendrá un podio perfecto sobre el que sentar la sandía. La sandía y el tequila son una pareja perfecta y la innegable fragancia a ajenjo del Absentroux hace que el conjunto quede redondo.

PARA 10 PERSONAS

500 ml de vermut Absentroux
300 ml de tequila Tromba blanco
250 ml de Agraz de arándanos azules (p. 112)
750 ml de zumo de sandía recién triturada, colado
150 ml de zumo de lima
250 ml de cerveza de jengibre
hielo para ponche, para servir
hojas de albahaca, hojas de menta y arándanos azules, para la guarnición

Vierta todos los ingredientes en una sandía vaciada y añada un gran trozo de hielo para ponche. Adorne con las hojas de albahaca y de menta y los arándanos. Sirva el ponche en copas de vino heladas.

LAS CATEGORÍAS DEL VERMUT

EXTRA-SECO (<30 G/L)	SECO (<50 G/L)	SEMISECO (>50 <90 G/L)	DULCE (>130 G/L)
Adelaide Hills Distillery seco	Belsazar seco	Adelaide Hills Distillery rosé	Belsazar rojo
Castagna Classic seco	Castagna bianco	Adelaide Hills Distillery rosso	Belsazar blanco
Causes & Cures semiseco	Drapo seco	Belsazar rosé	Carpano Antica Formula
Dolin seco	Margan off dry 15	Golfo tinto Old Vines	Cocchi Storico di Torino
La Quintinye extra-seco	Mulassaro seco	La Quintinye royal blanc	Contratto rosso
Maidenii seco	Noilly Prat original seco	Lacuesta	Dolin blanc
Mancino seco	Riserva Carlo Aberto blanco	Maidenii classic	Dolin rouge
Miró extra-seco	Reid+Reid vermut seco	Margan off sweet 16	Drapo rosso
Mount Edward		Skew	Iris rojo
Oscar 697 extra-seco		Yzaguirre rojo clásico	La Quintinye rouge
Ransom seco		Regal Rogue Bold rojo	Maidenii dulce
Ravensworth Outlandish Claims bitter tonic		Regal Rogue Lively blanco	Mancio bianco ambrato
Regal Rogue Daring seco		Regal Rogue Wild rosado	Martini gran lusso
Riserva Carlo Alberto extraseco		Yellow	Miró rojo
Uncouth Apple menta			Mulassano rosso
Vya extra-seco			Noilly Prat ambré
Vya whisper seco			Noilly Prat rouge
			Oscar 697 bianco
			Oscar 697 rosso
			Ransom dulce
			Riserva Carlo Alberto rojo
			Vergano
			Vermouth del Professore classico
			Vya dulce
			Yzaguirre blanco clásico
			Yzaguirre rojo reserva

VINO DE QUINA	AMERICANO (GENCIANA)
Byrrh	Cocchi Americano
Cap Corse	Maidenii Long Chim Americano
Caperitif	
Dubonnet	
Lillet blanc	
Lillet rosé	
Maidenii La Tonique	
Rinquinquin	
St Raphael	

VERMUT CHINATO	AMARO
Bartolo Mascarello Barolo	Cocchi Dopo Teatro
Ceretto Barolo	Maidenii Nocturne
Cocchi Barolo	Mancino rosso amaranto
G. Borgogno Barolo	
G. Cappellano Barolo	
G. Conterno Barolo	
Gancia Antica ricetta Barolo	
Mancino Chinato	
Marcarini Barolo	
Mauro Vergano Barolo	
Roagna Barolo	
Mauro Vergano Chinato	

LOS COLABORADORES

Para escribir este libro hemos necesitado la ayuda de varios expertos, como botánicos, enólogos, chefs, bármanes, sumilleres y destiladores. Hemos aprendido muchísimo de ellos durante el proceso y esperamos que usted también lo haya hecho.

LOS BOTÁNICOS

JUDE MAYALL

Es la propietaria de OutbackChef, proveedor y productor líder de productos de alimentación originarios australianos, además de defensora de la industria, educadora, autora de libros y conferenciante sobre la alimentación nativa australiana. Lleva más de 30 años implicada activamente en la cultura aborigen australiana y en la promoción de los botánicos originarios de Australia.

TIM ENTWISLE

El profesor Tim Entwisle es un científico, divulgador de ciencia y director de jardines botánicos y, en la actualidad, es el presidente de la Asociación Internacional de Jardines Botánicos (IABG por sus siglas en inglés). En marzo de 2013 fue nombrado director y director ejecutivo de los Royal Botanic Gardens Victoria, tras dos años en un puesto directivo en los Royal Botanic Gardens Kew y ocho como director ejecutivo de los Royal Botanic Gardens and Domain Trust de Sídney. Tim escribe sobre ciencias, naturaleza y jardines para varias publicaciones y es muy activo en las redes sociales (por ejemplo, con su blog «Talkingplants»). Es colaborador habitual en programas de radio, como *Blueprint for Living*, de la emisora ABC RN, presentó *Talking Plants* y copresentó *In Season*, de la misma emisora.

LOS BÁRMANES

ALASTAIR WALKER

Es copropietario del bar Caretaker en Auckland (Nueva Zelanda) junto a su esposa, Heather Garland. Antes de trasladarse a Nueva Zelanda, dirigió The Everleigh en Melbourne, donde tuvo la suerte de formarse con Sasha Petraske y Michael Madrusan.

ANDY GRIFFITHS

Es el genio creativo de Speakeasy Group y ha ganado premios internacionales como barman y chef experimental. Es célebre por su pasión por la buena comida, la cerveza artesanal, las bebidas bien estructuradas, los bármanes con carácter y la compañía espléndida.

NICK TESAR

Procedente de Brisbane, se trasladó a Melbourne en 2013 y encajó con facilidad en el Gin Palace, toda una institución en la que se puede beber ginebra hasta altas horas de la noche. Pasó dos años allí, donde, en sus propias palabras, maduró significativamente como barman. Luego asumió el cargo de bar manager en la inauguración del restaurante de lujo Lûmé, en el sur de Melbourne. En 2017 nació Marionette Liqueur, con la ayuda de tres grandes amigos y compañeros: Hugh, Lauren y Shaun. Además de pasar tiempo en Mad Frankies (¡a ambos lados de la barra!), también lo podemos encontrar en el Bar Liberty del Fitzroy.

CAMILLE RALPH VIDAL

Es una camarera transformada en embajadora de marca y viaja por el mundo animando al público a beber producto francés, en concreto St. Germain.

CHRIS HYSTED-ADAMS

Es uno de los bármanes australianos más galardonados y lleva casi una década liderando el equipo del icónico Black Pearl de Melbourne. Cree firmemente que no hace falta ser una persona seria para preparar bebidas seriamente buenas.

EDWARD QUATERMASS

Es un barman oriundo de Brisbane que ahora dirige Maker, en el sur de Brisbane. Le apasionan los productos australianos y la fruta tropical.

HUGH LEECH

Se ganó los galones durante sus cuatro años en el Gin Palace, una de las instituciones cocteleras de Melbourne, donde preparó Martinis y creó cócteles desde el atardecer hasta el amanecer. Desarrolló su pasión por la ginebra, el vermut, los alcoholes botánicos y la preparación de ingredientes, así que ahora trabaja en The Bitters Lab, rodeado de *bíters*, vermuts y amari, además de colaborar en la producción de Maidenii y la Melbourne Gin Company. También es uno de los socios de una reciente empresa de licores australiana, Marionette Liqueur.

JAMES CONNOLLY

Nació y creció en Inglaterra, pero lleva más de diez años viviendo en Perth (Australia). Es el director de bebidas de Long Chim Group y un apasionado del vermut (obviamente), de las playas de arena blanca (abundan en Australia Occidental), la ginebra, el tequila y las piñas coladas con mezcal, aunque, en su opinión, nada supera a una lata de cerveza helada.

JOEY JONES

Barman, restaurador y asesor y, en la actualidad, trabaja en Melbourne. Usa sobre todo las sobrias técnicas clásicas americanas para preparar las elaboraciones frecuentemente eurocéntricas que se pueden encontrar en Romeo Lane (Bar del Año 2016 de *The Age Good Food Guide*; Coctelería del año 2017 y Barman del Año 2017 de *Time Out*) y en su recién inaugurado The Mayfair, un bar restaurante en Melbourne.

LOUDON COOPER

Es un profesional de la coctelería y de la restauración asentado en Castlemaine (Victoria, Australia). Empezó trabajando en bares locales antes de pasar a restaurantes, empezando por The Good Table, y a dirigir el Hickster, una coctelería al aire libre. Puede encontrarlo en Bistor Lola, un histórico teatro real de Castlemaine, donde es el director de sala.

MARK WARD

Es un barman que decidió empezar a producir vermut y la persona detrás de la marca de vermut australiano Regal Rogue.

MICHAEL CHIEM

Es el copropietario y barman de PS40, mitad coctelería, mitad empresa productora de refrescos en el corazón del barrio de negocios del centro de Sídney. PS Soda salió al mercado en 2017 y los refrescos de la empresa se inspiran en cócteles e ingredientes originarios de Australia y usan ingredientes frescos y sin conservantes. La revista *Australian Bartender* lo nombró Barman del año en 2016 y PS40 fue nombrado el Mejor bar del año 2017 por *Time Out* y ganó la Mejor carta de cócteles y la Mejor coctelería de Nueva Gales del Sur en 2017 de *Australian Bartenders*.

SAM CURTIS

Lleva más de quince años detrás de una barra y los cócteles son su pasión. Le encantan las combinaciones de sabores inesperadas y colaborar con colegas para desarrollar ideas nuevas. Procede del Reino Unido, pero ahora llama hogar a Australia y, en especial, a Byron Bay.

SAMUEL NG

Inició su carrera detrás de la barra en varios locales de Melbourne, hasta que se convirtió en un elemento clave de la venerable coctelería Black Pearl. Antes de eso, trabajó durante un breve periodo de tiempo en Employee Only, de Nueva York. Ahora trabaja en Four Pillars Gin, como embajador de su ginebra en la región de Asia Pacífico.

SEBASTIAN COSTELLO

Lleva 18 años detrás de una barra y ha visitado más de cincuenta destilerías y numerosos viñedos. Le encanta todo lo que lleve alcohol. Últimamente dirige y atiende al público en Bad Frankie, la primera licorería-bocatería de productos íntegramente australianos de Australia, en el Fitzroy de Melbourne.

SEBASTIAN RAEBURN

Ha dedicado toda su vida a la industria licorera. Tras la barra, Seb inauguró 1806, que ganó el premio a la Mejor carta de cócteles del mundo; creó el programa de cócteles en el Lui Bar de Vue de Monde, que ganó el premio al Mejor bar restaurante, y cocreó Heartbreaker, ganador del Mejor bar para fiestas, la Mejor barra y el Bar del año de *The Age Good Food Guide*. Delante de la barra, ayudó a lanzar 42 Below en Australia, alumbró el 666 Pure Tasmanian Vodka y ha dedicado tiempo a hacer ver que es el director corporativo de Bacardi Martini

Australia. Es el destilador de The Craft & Co y la mitad de Anther Spirits, que fundó justo a su compañera de destilación, la doctora Dervilla McGowan, para crear una deliciosa ginebra australiana.

SEBASTIEN DERBOMEZ

Además de ser el embajador de marca de Monkey Shoulder en Estados Unidos, es un celebrado barman y ha ganado varios premios, como dos Australian Bar Awards y un Queensland Lifestyle Award con sus cócteles extraordinarios y por la calidad de su servicio y de su liderazgo. Cuando no prepara cócteles ni viaja por el mundo para descubrir culturas nuevas y practicar el snowboard, se le puede encontrar en Nueva York. También es un amante del vino y le obsesiona cocinar y mezclar sabores.

TRISH BREW

Afabilísima y encantadora, es la directora del bar del Gin Palace en Melbourne. Ha ganado el premio al Barman del año 2018 de *Time Out*.

LOS SUMILLERES

ALEXANDRE JEAN

Vive en París y es sumiller desde hace muchos años, durante los que ha trabajado en establecimientos tan prestigiosos como La Tour d'Argent, Lucas Carton o Astrance, antes de desarrollar tareas de consultoría, en concreto con La Condesa.

MARK REGINATO

Nació y se crió en Adelaida y ha viajado por todo el mundo para ocupar cargos directivos en la industria de la restauración, sobre todo en el Reino Unido, antes de fundar sus propias empresas de distribución, muy respetadas: Connect Vines y Man of Spirit.

NICOLA MUNARI, DIRECTOR EJECUTIVO DE TAILLEVANT, LONDRES

Nació en Piamonte y ha trabajado en varios proyectos para la industria del vino y de las bebidas en Asia, Australia, Nueva Zelanda y el Reino Unido. Vive en París y hace poco se ha incorporado a La Vinicole, la rama de distribución de la consolidada familia Moueix.

Sevillano y formador en vinos de Jerez, además de sumiller y enólogo en varios países, ganó el premio al Sumiller del año 2018 de *Good Food Guide*.

REBECCA LINES, BANKSII, SÍDNEY

Conoció a Hamish en 2009, cuando trabajaba en Billy Kwong. Entonces no sabía que abrirían su primer restaurante juntos, el Bar H, en 2010. Dos años después, Rebecca fue una de las finalistas en el premio Electrolux Appetite for Excellence Young Restaurateur y, en 2013, asesoró, junto a Hamish, a The Four Seasons Hotel para la inauguración de su restaurante, The Woods, y su bar, Grain Bar. Su pasión por el vermut exclusivo la llevó a inaugurar el Banksii Vermouth Bar & Bistro, el primer restaurante-bar-vermutería de Australia.

LOS CHEFS

BEN SHEWRY, ATTICA, MELBOURNE

Nació y creció en North Taranaki, una región rural de la agreste Costa Oeste de la isla Norte de Nueva Zelanda. Es el chef y el propietario del internacionalmente aclamado restaurante Attica en Melbourne. Ben es un gran defensor de la alimentación y la cocina responsables y sostenibles, además de un orgulloso padre de tres hijos.

HAMISH INGHAM, BANKSII, SÍDNEY

Sin hacer ruido, ha alcanzado el éxito en la escena de la restauración en Sídney desde que se convirtió en el primer chef de Billy Kwong el año 2000. En 2004, ganó el prestigioso premio Josephine Pigolet Young Chef of the Year y se trasladó a Estados Unidos, donde trabajó en Gramercy Tavern, Craft y Amy's Bakery en Nueva York antes de dirigirse a San francisco para trabajar en Chez Panisse, de Alice Water. Los platos de Hamish son siempre generosos y honestos. El sabor no lo asusta y suele aplicarlo con audacia, aunque los platos «Ingham» se caracterizan por la ligereza, la armonía y el equilibrio.

INDRA CARRILLO, LA CONDESA, PARÍS

En 2017, y a los veintinueve años de edad, este chef mexicano inauguró su primer restaurante en París. Su extraordinario currículo y la multiplicidad de influencias en su cocina han atraído grandes elogios de los críticos gastronómicos.

KYLIE KWONG, BILLY KWONG, SÍDNEY

Se ha convertido en sinónimo de cocina china moderna en Australia. Es australiana de tercera generación y recurre a su herencia del sur de China para reinterpretar la cocina cantonesa y combinar ingredientes marcadamente australianos con técnicas de cocina y sabores tradicionales chinos en su celebrado restaurante Billy Kwong en Sídney. Su cocina se basa en productos de proximidad biodinámicos y orgánicos y da prioridad a los ingredientes originarios de Australia.

OTROS

CAMERON MACKENZIE, DESTILADOR

Antes de lanzarse a la producción de bebidas destiladas, trabajó durante quince años en la industria vinícola y produjo, vendió, promocionó y puntuó muchas de las marcas de vino más conocidas de Victoria, como Yarra Ridge, St Huberts, Punt Road, Sutton Grange, Innocent Bystander/Giant Steps o Rob Dolan Wines. Cameron es el destilador, socio fundador, gurú de operaciones, formador, locávoro, superintendente de la línea de envasado de mermelada, abrillantador de alambiques y director de logística. En otras palabras: es el corazón y el alma de Four Pillars. Ha usado su comprensión intuitiva del sabor y del equilibrio para convertirse en un gran experto del arte de la destilación y su amor por el alambique Wilma, que lleva el nombre de su madre, no conoce límites.

MAX ALLEN, PERIODISTA DE VINOS

Ha ganado varios premios como escritor y periodista especializado. Ahora trabaja en su próximo libro, la historia de la bebida en Australia.

ACERCA DE LOS AUTORES

GILLES LAPALUS

Acumula más de treinta años de experiencia en la industria y el vino le corre por las venas. Pertenece a la tercera generación de una familia productora de vino oriunda de la región de Cluny, en Borgoña, y se embarcó en una carrera prestigiosa que lo ha visto trabajar como enólogo en las regiones francesas de Borgoña, Languedoc, Médoc y Beaujolais y, ya más lejos, en Toscana, Campania, Chile y Australia. Como formador, trabajó en el Institut Français du Goût y desarrolló la formación en cata de vinos en Francia. En 2001, se trasladó a Australia para convertirse en el director de viticultura y enología biodinámicas en la Sutton Grange Winery, cerca de Castlemaine, en Victoria. Empezó a experimentar con botánicos en 2011 y, tras conocer a Shaun, se convirtió en el cofundador del vermut Maidenii. En 2009, mientras desarrollaba Maidenii, lanzó su propia empresa vinícola, Maison LAPALUS, que produce vinos con la marca Bertrand Bespoke.

SHAUN BYRNE

Empezó a mezclar bebidas cuando alcanzó la edad legal y desde entonces no ha parado. Tras cuatro años en el Reino Unido trabajando en bares y restaurantes, regresó a Australia para pasar a formar parte de la familia del Gin Palace. Permaneció allí durante ocho años, periodo durante el cual conoció a Gilles y, juntos, fundaron Maidenii. También completó un curso de dirección de empresas, lanzó Good Measure, su empresa de consultoría, y conoció a Ellen, su futura esposa. Cuando abandonó el Gin Palace, inauguró otra empresa llamada Marionette, una licorera que trabaja directamente con agricultores australianos para producir licores básicos para cócteles. ¿Qué es lo siguiente en la agenda de Shaun? Bueno, aparte de que su esposa le ha dicho que se ha acabado lo de fundar empresas, puede estar seguro de que, de un modo u otro, siempre estará cerca de la industria de la bebida.

BIBLIOGRAFÍA

BANKS, Leigh y Nargess, *The Life Negroni*, Spinach Publishing, 2015.

BRICKELL, Christopher (comp.), *Encyclopedia of Plants & Flowers*, Dorling Kindersley, 2010.

BROWN, Deni, *Encyclopedia of Herbs*, Dorling Kindersley, 2008.

BROWN, Jared y Anistatia Miller, *The Mixellany Guide to Vermouth and Other Apéritifs*, Mixellany, 2011.

CRADDOCK, Harry, *The Savoy Cocktail Book*, Pavilion, 2011.

DEGROFF, Dale, *The Essential Cocktail*, Clarkson Potter, 2008.

DIFFORD, Simon, *Gin: The Bartender's Bible*, Firefly Books, 2013.

FORD, Adam, *Vermouth: The Revival of the Spirit that Created America's Cocktail Culture*, Countryman Press, 2015.

GARRIER, Gilbert, *Histoire Sociale et Culturelle du Vin*, Larousse, 1998.

HARRISON, Lorraine, *RHS Latin for Gardeners*, Mitchell Beazley, 2012.

LAWS, Bill, *Fifty Plants that Changed the Course of History*, David and Charles, 2010.

LEWIS, William, *An Experimental History of the Materia Medica*, Johnson, 1791.

LOW, Tim, *Wild Food Plants of Australia*, Angus & Robertson, 1991.

MACELHONE, Harry, *Harry's ABC of Mixing Cocktails*, Souvenir Press, 2010.

MAIDEN, Joseph Henry, *The Useful Native Plants of Australia*, Turner and Henderson, 1889.

MAYALL, Jude, *The Outback Chef*, New Holland, 2014.

MCGOVERN, Patrick, *Ancient Wine: The Search for the Origins of Viniculture*, Princeton University Press, 2003.

MCGOVERN, Patrick, *Uncorking the Past: The Quest for Wine, Beer, and Other Alcoholic Beverages*, Berkeley University of California, 2009.

MILLER, Anistatia y Jared Brown, *Shaken Not Stirred: A Celebration of the Martini*, William Morrow Paperbacks, 2013.

MONTANARI, Massimo y Jean-Louis Flandrin, *Histoire de L'alimentation*, Fayard, 1996.

Monti, François, *El gran libro del vermut*, Ediciones B, 2015.

MORGENTHALER, Jeffrey, *The Bar Book: Elements of Cocktail Technique*, Chronicle Books, 2014.

NEWTON, John, *The Oldest Foods on Earth*, New South Publishing, 2016.

PAGE, Karen y Andrew Dornenburg, *The Flavor Bible*, Little Brown and Company, 2008.

PARSONS, Brad Thomas, *Amaro: The Spirited World of Bittersweet, Herbal Liqueurs*, Ten Speed Press, 2016.

Rare Vermouth Greats, 5Star Cooks, 2017.

REGAN, Garry, *The Negroni: A Gaz Regan Notion*, Mixellany, 2013.

ROBINSON, Jancis, *Le Livre des Cépages*, Hachette, 1986.

—, Julia Harding y José Vouillamoz, *Wine Grapes: A Complete Guide to 1,368 Vine Varieties, including their Origins and Flavours*, Allen Lane, 2012.

STEWART, Amy, *The Drunken Botanist*, Algonquin Books of Chapel Hill, 2013.

TANNER, Hans y Rudolf Brunner, *La distillation moderne des fruits*, Editions Heller, 1982.

WILLIS, Kathy y Carolyn Fry, *Plants: From Roots to Riches*, John Murray, 2014.

WITTELS, Betina J. y Robert Hermesch, *Absinthe, Sip of Seduction: A Contemporary Guide*, edición revisada, comp. T.A. Breaux, Speck Press, 2008.

WONDRICH, David, *Punch*, Perigee, 2010.

www.eur-lex.europa.eu

www.oiv.int

www.penn.museum

www.vermouth101.com

AGRADECIMIENTOS

SHAUN BYRNE

Me gustaría expresar mi agradecimiento a Ellen, mi esposa, que ha soportado ver centenares de botellas de licor esparcidas por toda la casa cuando catábamos y bebíamos los cócteles que hemos plasmado en el libro. Gracias, cariño, has sido un gran apoyo durante todo el proceso.

Nick Tesar y Hugh Leech han sido dos pilares en la producción de este libro y nos han echado una mano, además de prestarnos sus paladares, a la hora de preparar y de catar los cócteles. Este libro no hubiera sido posible sin ellos, así que muchísimas gracias.

A todos los colaboradores, muchas gracias por vuestras maravillosas recetas y por el conocimiento que habéis aportado al libro. También estamos muy agradecidos a Cameron MacKenzie, por sus palabras acerca del enebro (¡y por producir una ginebra fantástica, por supuesto!)

Gracias también al equipo editorial, que ha hecho posible este libro, y a nuestra editora, que con su gran paciencia ha conseguido transformar nuestras palabras caóticas en algo coherente. Gracias a Jack Hawkins, el magnífico fotógrafo con licor en su objetivo.

Para terminar, a todos los amantes del vermut del mundo, ya sean productores, bármanes o bebedores, muchas gracias por disfrutar de la bebida que amamos.

GILLES LAPALUS

Este libro nació cuando Shaun y yo nos reunimos con Jane Willson para hablar de traducir al inglés *El gran libro del vermut* de François Monti. Su entusiasmo por el proyecto nos llevó a escribir nuestro propio libro para la nueva generación de consumidores de vermut.

Muchas gracias a mi familia en ambos lados del ecuador, por mi vida de buena comida y buena bebida, y en concreto a mi compañera, Jude Anderson, la primera lectora y catadora de mi aventura con el vermut. Gracias.

Gracias a Jude Mayall, la apasionada proveedora de botánicos originarios, y a Tim Entwisle, de los Royal Botanic Gardens Victoria, por su gran apoyo en la programación de nuestra gira Boozy Botanicals y por haber aportado sus conocimientos de experto en botánica. Max Allen merece un agradecimiento especial, por haberse sumado al nuevo movimiento en torno al vermut y por sus aportaciones al libro. Gracias también a Mike Bennie, por su entusiasta defensa de los vinos y licores artesanales.

Un gran agradecimiento también para Vernon Chalker, que fue el catalizador de lo que ahora es el vermut Maidenii. Y para Jean Michel, que estuvo en la primera sesión de la creación de Maidenii junto a Shaun. Y para Ben Shewry y Banjo Harris Plane, los primeros que creyeron de verdad en nuestro primer vermut, allá por 2012.

Un agradecimiento enorme para Lauren Bonkoswki, la diseñadora de marca y la mente tras el diseño de Maidenii y de este libro. Muchísimas gracias a todos los chefs, bármanes y el resto de personas que habéis colaborado con el libro.

Muchas gracias a los proveedores de los botánicos, y sobre todo del ajenjo, que hemos usado: Genevieve, Martine, Tara, Frank y Melissa, Rosa y Collin y Andre. Y gracias a nuestros viticultores, Ian, Stuart, David, Ramon y Steve.

Un agradecimiento especial a todos los distinguidos consumidores del vermut Maidenii, ya se hallen en bares y restaurantes o, sencillamente, en casa con amigos y familiares.

ÍNDICE

ÍNDICE

ÍNDICE

La edición original de esta obra ha sido publicada en Australia en 2018 por
Hardie Grant Books, sello editorial de Hardie Grant Publishing, con el título

The Book of Vermouth

Traducción del inglés
Montserrat Asensio Fernández

Impreso en China
Depósito legal: B 24.263-2018
Código IBIC: WBXD

ISBN 978-84-16407-56-9

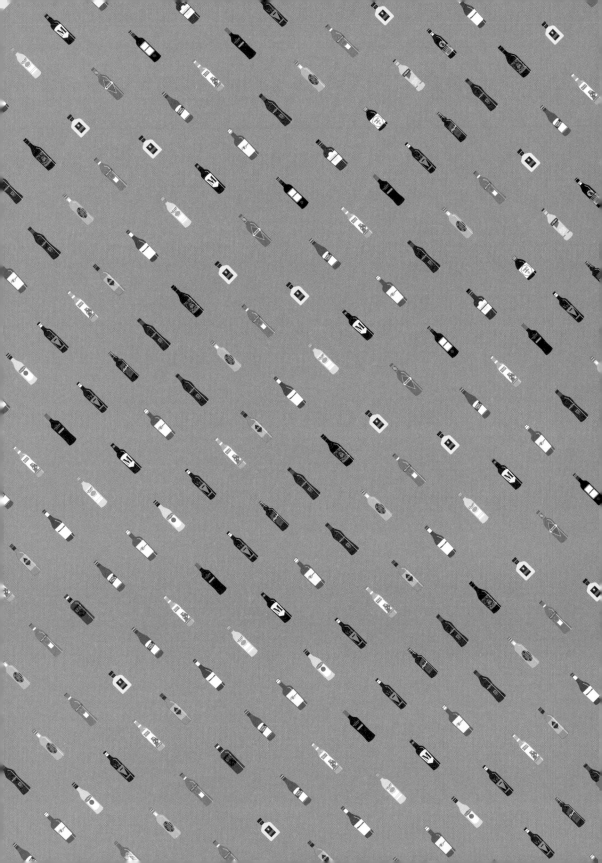

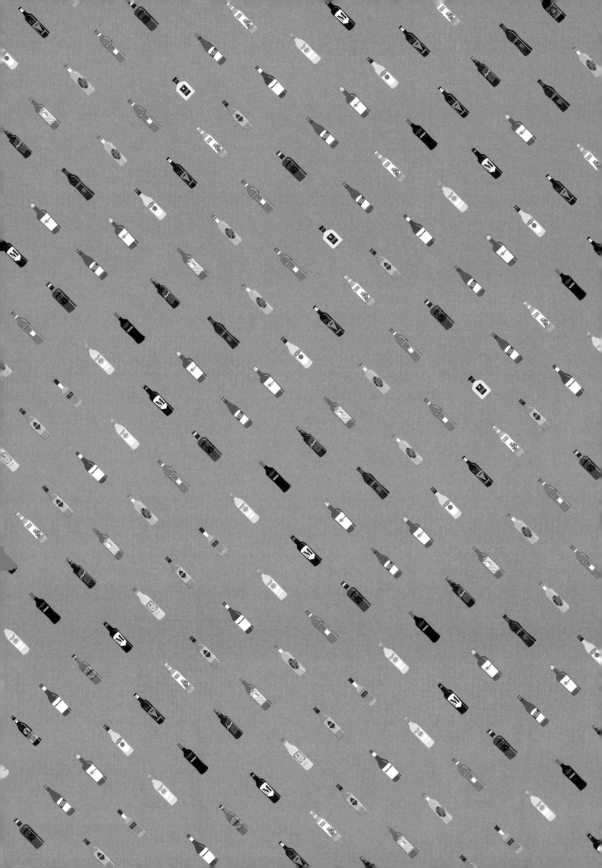